胡 适

行走于梦醒之间

李 伟 著

团结出版社
UNITY PRESS

图书在版编目（CIP）数据

胡适：行走于梦醒之间 / 李伟著 . -- 北京：团结
出版社，2022.1（2023.2 重印）
　ISBN 978-7-5126-8701-1

Ⅰ . ①胡… Ⅱ . ①李… Ⅲ . ①胡适 (1891-1962) - 人
物研究 Ⅳ . ① K825.4

中国版本图书馆 CIP 数据核字 (2021) 第 052408 号

出　　版：团结出版社
　　　　　（北京市东城区东皇城根南街 84 号　邮编：100006）
电　　话：（010）65228880　65244790（出版社）
　　　　　（010）65238766　85113874　65133603（发行部）
　　　　　（010）65133603（邮购）
网　　址：http://www.tjpress.com
E-mail：zb65244790@vip.163.com
　　　　　tjcbsfxb@163.com（发行部邮购）
经　　销：全国新华书店
印　　装：三河市东方印刷有限公司

开　　本：145mm×210mm　32 开
印　　张：6.625
字　　数：138 千字
版　　次：2022 年 1 月　第 1 版
印　　次：2023 年 2 月　第 2 次印刷

书　　号：978-7-5126-8701-1
定　　价：39.80 元

序

一

黄克武

2012 年年初，北京《三联生活周刊》的主笔李伟先生与我联系，表示希望出版一期有关"胡适与自由主义"的专号。他还专程来台访问，让我谈谈胡适先生晚年的种种，又派了一位摄影记者到胡适纪念馆拍了许多照片。后来这一期专号在该年 5 月的周刊上发表，甚获好评。最近他又将专号的稿子整理、扩充，要出版一本有关胡适的专书，我很为他高兴，谨以此文敬表祝贺之意。

身为"20 世纪中国思想第一人"或"当今世界上最聪明的六个人之一"的胡适是一个永恒的话题。在 20 世纪中国知识分子中，他与鲁迅齐名，是海峡两岸各自推戴的"文化英雄"。胡适的一生涉及了中国政治、学术的各个领域，凡是讨论近代中国的议题，大概都绕不过胡适。目前书店中有关胡适的书不少，一类是胡适先生自己的作品，如《四十自述》《胡适文存》《胡适文集》，或唐德刚先生为他作的《胡适口述自传》等；另一类则是他人所写的有关胡适生平与思想的专著，如李敖的《胡适评传》、余英时的《重寻胡适历程》、罗志田的《再造文明的尝试：胡适传》，与江勇振的近作《舍我其谁：胡适》（第一部）等。此外，有关胡适研究的名家还有耿云志、欧阳哲生、周质平、章清、邵健等教授。

李伟先生的这一本书与上述两类的作品都不相同。他细读了胡适先生的"夫子自道"，又吸收学术界许多严谨的论著，再以清晰流畅的笔调细致地描述了大师的一生。这样的工作并不容易，这不但因为胡适生平涉及的人物、事件错综复杂，对他的评估分歧很大；另一个原因是胡适的思想与许多作为都是超越时代的，眼光不够敏锐者往往看不清楚。在这一方面毛泽东倒是看得很清楚，在举国上下以数百万字来大力批胡之际，毛主席曾说："说实话，新文化运动他是有功劳的，不能一笔抹杀，应当实事求是。到了21世纪，那时候替他恢复名誉吧！"的确，胡适先生的成就与限制，要经过历史的积累、沉淀，到21世纪时才看得清楚。

这样一来，现在的确是书写胡适、"替他恢复名誉"的好时机。21世纪，人们所看到的胡适应该较能超脱时代的泥淖。几个月以前我去日本东京访问，有一天在旅馆的《产经新闻》上看到一篇报道。这是2012年10月9日该报《远响近声》时事专栏作者千野境子因有感于钓鱼台事件之争端，所写的一篇有关胡适的文章：《现在日本需要一个胡适》（《いま日本に胡适がほしい》）。作者感叹当前日本外交界没有人才，找不到一个像胡适一样能在国际上以有说服力的方式与高明的手腕从事外交工作的人，来解决此一国际争议。众所周知，胡适在担任驻美大使期间，做了百余场演讲，其中 1942 年 3 月 23 日在华盛顿的演讲《中国抗战也是要保卫一种文化方式》，尤其能够打动国际视听，将抗战模拟于西方文明之中"专制与民主的对垒"，让世人了解"中国人民的自由、民主、和平方式，正面临日本独裁、压迫、黩武主义方式的严重威胁"。作者认为此一宣传方式使中国在国际社会取得了"道义的优位性"。抗战期间中国能够取得许多国际援助（如各种贷款）与胡适在外交方面的努力有直接的关系。很可惜后来他与宋子文不和，又反对蒋夫人访美，1942 年辞去了驻美大使一职。

胡适除了在外交上杰出的作为受到肯定，最让日本人佩服的是胡适对中日战局与太平洋战争的预测。千野氏提到胡适提出的"日本切腹而中国介错"的理论（见《胡适日记》1935.6.27中抄录他写给王世杰的一封信）。"介错"一词是和制汉语，很多人大概都不知道它的意思。日本武士切腹时必须请他最好的朋友从背后砍其头，才能迅速地完成切腹这一壮举，从背后砍下切腹者人头之人即被称为"介错人"。这一句话是指日本全民族走上了切腹自杀的道路，中国人必须以"最好的朋友"来做他们的"介错人"（胡适曾研究过日本的切腹，他根据《吕氏春秋》指出此举源于中国，见《胡适日记》1930.3.7）。他呼吁日本人必须认清此一影响中日两国命运之悲剧。不过胡适也感叹地说，国人必须抱着"破釜沉舟"的心态，"咬定牙根"准备苦战，不然"中国还不配做他们的'介错人'"。后来局势的发展，也确如胡适所述，由中日对垒走向国际战局。

胡适先生另一个重要的贡献是 1949 年之后在台湾的表现，担负起李敖所谓启蒙之"播种者"的角色。这一部分在本书中《晚年胡适：美国、中国台湾与蒋介石》一章的访谈中有所介绍。他与蒋介石之间是"道不同而相为谋"，很能反映一个自由主义者在威权体制、强人政治之下，如何相忍为国。其实，胡适所面对的挑战不但来自蒋介石，还受到其他保守者，如张其昀、徐复观、徐子明等人之抨击，同时他与激进的自由主义者之间也有矛盾。这一处境就是书中所说的"被四面夹击的胡适"。胡适在当时思想光谱上可谓一个温和而理性的自由主义者，他毕生"一以贯之地"坚持自由、民主之价值，并希望能在取得政府信任的前提下来批评政府。对他来说，过度支持现实政权、肯定传统，或过度激烈地抨击时政、追求西化，都不恰当。这一点使他与吴国桢、雷震、殷海光等激烈地批判政治，甚至不惜以身相殉的做法很不相同。孰是孰非，值得深思。

最近有很多人提到"民国范儿"的说法，民国史上的确有不少风骨嶙峋的人格典范值得我们追念怀想。读者如果仔细地阅读李伟先生的这一本书，我想很多人可能会和我有类似的感受，觉得将胡适誉为"民国范儿"，真是再恰当不过了！

黄克武：台湾"中央研究院"近代史研究所研究员、所长

序
二

　　《胡适与自由主义》是李伟独立完成的《三联生活周刊》"百年文化人物"系列的第二个，第一个是他在 2011 年完成的《鲁迅之疑》。

　　历史回顾是《三联生活周刊》封面专题的一个重要方向，通过采访重新进入历史现场，发现新信息，辩驳已有的结论，回顾之目的是寻求它新的认识意义。《三联生活周刊》及时反映现实热点的封面专题，一般都由三五人彼此协作，在短时间内赶制。而这类不需要时间逼迫、独特而具深思空间的长线选题，也鼓励希望建立自己独特研究方向的主笔独立去探索，并给予其足够的时间空间及采访成本支持。李伟的《鲁迅》与《胡适》，都属于这样的实践成果。

　　其实，在新世纪到来之初，我们便有了做"百年文化人物"系列的想法——对上一个世纪的眺望与重新关注，对这个世纪新的道路选择能否有坐标性的意义？我们以为，从文化人物的角度去思考这个民族百年所走过的血泪沧桑，有可能比政治人物更能脱离标签化与简单的意识形态判断，更有可能进入当时的社会生态复杂机理，去辨析一些悲剧产生之根源。而这些人物的命运，也许更能深入折射出这百年历史进程中一些能发人深思的问题，以致我们在这一个百年，能少付出那些本不该付出的代价。

选题总是要靠足以胜任的人的自我希求与自我奋斗来完成，我总是说，"有什么人，才有什么样的选题"。这个系列得以实现，这开头两个人物所完成的质量，完全依赖于李伟对历史追问的原动力与他为此付出的辛苦与努力——从广泛阅读，寻找出问题，到出发去现场寻找当年的氛围，通过采访接近那些已经尘封的真相，再审慎地给出殚精竭虑后自己的分析。从准备到采访再到成文，不仅需要时间，更需要源源不断的研究成本。从某种意义上说，这已经是一个研究课题的深入过程。这样的选题实施，编辑部付出的是采访成本——首先，给以两三个月，允许他能不被干扰地深入研究领域；然后，提供采访费用，支持他去接近历史现场。当然，这些仅是外部支持，能否拿出令人满意的答卷，只能靠本人的投入与作为。这种投入应该有些理想主义，实用主义者一般不会不惜成本，去花那么多的气力。

李伟这两年，在鲁迅与胡适这两个人物上所做的努力，我以为是寻找到了一种极有价值的途径。为接近鲁迅，他从绍兴到日本到上海、南京、北京；为接近胡适，他从安徽到北京到美国到中国台湾，基本都顺着他们命运的轨迹，边走边思考。因为鲁迅在先，胡适在后，胡适也就比鲁迅更具体地提出了问题、讨论了问题，更显成熟。他依靠了许多学人已经建立的坐标，但他自己在这些坐标基础上的追问，也可喜地超越了自己学识的局限。

就胡适道路而言，从新文化运动激情洋溢的旗手，到提出"多研究些问题，少谈点主义"；希望独立于政治意识形态之外，维持个人学术与思考的自由独立，又无法将个人剥离于社会环境。既要学术独立，所有学术又都离不开它与社会现实的急切关系；既要反抗专制，追求独立人格，又必须穿梭于各种政要之间，无法离开被四方夹击的中心舞台。"从左派到中间偏左、中间偏右，再到右派"，其实一天也无法独立自由，只能被政治现实裹夹在中间。

我一直觉得，一个重要的媒体，不应该只关心即时信息的意义；一个有作为的主笔，也不应将自己等同于追逐即时信息传播的小记者。一个重要的媒体的使命，应该是调动它的优质人力资源，为他们提供一个个足以伸展各自敏感触觉的小空间，激励他们的理想主义，鼓励他们成为深入的研究者与探索者，再将这些探究成果传达奉献给读者。在信息传播越来越发达、越来越多元的今天，其实会有越来越多对这种投入足够成本的独家深入信息的需求——当廉价信息铺天盖地时，有质量的信息会越来越显其价值的，毕竟，这个社会的精英阶层不会仅满足于一知半解。而这正应是《三联生活周刊》的主笔们所要去努力追求的目标。

从这个意义上讲，我们应该有更多这样的课题，提供更多这样辛勤获得的沉甸甸的成果。它们可以是历史，但给出的应该是对现实思考的结果。这样，我们就能少生产些信息垃圾，多给社会提供些可供留存的印迹了。

朱伟：《三联生活周刊》前主编

目
录

破壁者的"文艺复兴"

时代的前夜　/ 3

闭门造车，出门合辙　/ 9

反孔子的"托拉斯"　/ 15

个人的自由与国家的自由　/ 21

"正义的火气"　/ 27

"杀君马者道旁儿"　/ 30

主义向左，问题向右　/ 36

"不合时宜"的歧路

忍不住的新努力　/ 43

自由主义的观象台　/ 48

"好人当政"与"跪着造反"　/ 52

"最不名誉的事" / 57

"悖主"与"善后" / 61

"掉下来"的导师 / 65

批评者的跌宕起伏

"被革命压死了" / 75

"胡适系反党" / 78

北大中兴 / 85

"憎恨残暴也憎恨虚妄" / 92

守卫课桌 / 96

杂志与救国 / 100

"民治"与"新式独裁" / 106

何去何从：残局中的"过河卒"

北大校长 / 113

十年计划 / 117

没有选择的选择 / 121

民主的"装饰品" / 125

"这样的校长真不值得做"　/ 129

"过河卒子"　/ 136

晚年胡适：美国、中国台湾与蒋介石

胡蒋之间　/ 145

不做大哥　/ 153

对胡适的"围剿"　/ 159

自由主义之路　/ 164

被四面夹击的胡适

胡适之死　/ 171

胡适的"非典型性"　/ 174

秩序与共识　/ 181

解释世界与改造世界　/ 186

"被杀死的摩西"　/ 188

后记　/ 194

破壁者的『文艺复兴』

胡适以一个二十六七岁的青年，回国不到两年便一跃而成为新学术、新思想的领导人物。这样『暴得大名』的例子，按照余英时的说法，在中国近代史上除了梁启超外，再也找不到第二个了。

时代的前夜

"如果我们已回来，你们请看分晓吧。"

"You shall know the difference now that we are back again."这是荷马史诗《伊利亚特》第十八章中的一句诗。1917 年 3 月，二十六岁的胡适把这句话翻译在日记中。四个月后，胡适乘坐轮船跨越太平洋，回到了阔别七年的中国。

胡适对这句格言情有独钟，两年后他在北京"少年中国学会"的演讲中再度提起，并重新翻译："如今我们回来了，你们便看看不同。"演讲最后他大声呼吁："这便是少年中国的精神。"

胡适回国之前，对自己的人生已经有了一个清晰的规划。这一年的 1 月，他去费城讲演，顺便去看望了在华盛顿的同学朱经农。他在日记中记录了两人谈话后的感想："我们预备十年以后中国人有什么样的思想，此问题最为重要，非一人能解决也，然吾辈人人心中当刻刻存此思想也。"此时的胡适，已经立志回国后要去影响、塑造中国人的思想了。

1917 –1919 年，北京，语言学校里面的考试

西德尼·甘博（Sidney Gamble）　拍摄

　　实际上他在 1915 年就有这样的想法。他在这一年 5 月的一篇日记中写道:"吾不可不周知博览,以为他日国人导师之预备。"这时候他已把"国人导师"作为自己的目标,并且开始为之奋斗。四个月后,胡适结束了康奈尔大学的学业,转入哥伦比亚大学研究部跟随杜威研究哲学。

　　回国之前,北京大学的文科学长陈独秀已经向校长蔡元培力荐胡适为教授,甚至愿意把"文科学长"的位置也让给他。对胡适而言,进大学教书是个再好不过的选择。他在美国与教授亚丹的谈话中说:"国无海军,不足耻也;国无陆军,不足耻也!国无大学,无公共藏书楼,无博物院,无美术馆,乃可耻耳。"

　　不过蔡元培看中的并不是胡适肚子里的洋墨水。胡适晚年回忆,蔡元培决定聘请他,是因为看到了他在美国写的考据文章《诗三百篇言字解》。这是一篇研究《诗经》中所有"言"字意思的文章。

　　胡适去美国时还是宣统的年号,回国已换新天,但满心憧憬的洋"博士",下了船却大失所望。国号变了,国体也变了,他却没看到任何新的气象,尤其是在思想文化领域,依旧死气沉沉,古国文明如一潭死水,看不到生气。

　　胡适把这些见闻写进了《归国杂感》。他去上海大舞台看戏,演员还是赵如泉、沈韵秋、万盏灯、何家声、何金寿这些人,"没有一个不是两年前的旧古董"!而他十三岁初到上海读书的时候,他们就占据着舞台。胡适对朋友说,这大舞台就是中国的缩影,招牌是新的,房子是新的,座位和布景都是新的,但唱的还是老戏，做戏的还是那几张老脸。

他去逛书店更加沮丧，抽出一本《墨学微》，还是梁启超十四年前的旧作，不曾改一个字；当年最流行的一部小说是《新华春梦记》。他再去看英文书，"大概都是些十七八世纪的书，内中有几本 19 世纪的书，也都是与现在欧美的新思潮毫无关系的书"。有名气的英文教师连萧伯纳的名字都没听说过，更不要提契诃夫和安德烈耶夫了。

胡适更加感慨："我看了这个怪现状，真可以放声大哭。如今中国人，肚子饿了，还有些施粥的厂把粥给他们吃。只是那些脑子饿的人可真没有东西吃了。难道可以把《九尾龟》《十尾龟》来充饥吗？"

与文化的荒凉相关联，政治上虽然改天换日，但仍旧一片荒芜。民国虽然成立了，真正的民主共和体制远未建立。1913年 3 月，国民党代理理事长宋教仁遇刺身亡。接着袁世凯又罢免了国民党人李烈钧、胡汉民、柏文蔚三省都督的职务。孙中山和黄兴即起兵讨袁，号称"二次革命"，不久即告失败。孙中山、黄兴再度逃亡日本。1914 年 2 月，袁世凯又囚禁了章太炎。随后袁世凯称帝，旋即暴毙。就在胡适的归船在横滨靠岸补给时，张勋的辫子兵刚刚冲进北京，导演了一场复辟闹剧。

在这个时代变革的前夜，感到寂寞与苦闷的并非只是胡适。远在北京的鲁迅，那时的周树人，正坐在绍兴会馆的槐树下消磨着生命。他摇着蒲扇，"从密叶缝里看那一点一点的青天，晚出的槐蚕又每每冰冷地落在头颈上"。逛琉璃厂、抄古碑是周树人

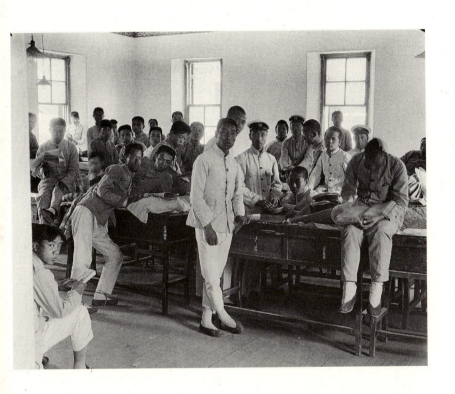

1917-1919 年，北京，被拘禁在监狱里的师范大学学生

西德尼·甘博（Sidney Gamble）　拍摄

1919 年 6 月 4 日，北京，清华大学大学生被军警逮捕
西德尼·甘博（Sidney Gamble）　拍摄

苦闷中的唯一寄托。

"1917 年 7 月我回国时，船到横滨，便听见张勋复辟的消息；到了上海，看了出版界的孤陋、教育界的沉寂，我方才知道张勋的复辟乃是极自然的现象，我方才打定二十年不谈政治的决心，要想在思想文艺上替中国政治建筑一个革新的基础。"胡适后来在《我的歧路》一文中写道。

在胡适的意识中，中国的问题，是一个教育的问题而不是革命的问题。这与当年逃离仙台的鲁迅十分相似。鲁迅要改造的是国民性，而胡适的口气更大一些，他要做"国人导师"。回国前，胡适豪情万丈地填了一首《沁园春》，以词明志："且准备搴旗做健儿。要前空千古，下开百世，收他臭腐，还我神奇。"

失望中，胡适不忘回趟安徽绩溪老家。母亲对他说："你种的茅竹，现在已经成林了。"只是当他坐在上海剧场里看戏的时候，还未意识到，自己已被时代推到大舞台的中心。

闭门造车，出门合辙

胡适正式应聘为北京大学教授，是在 1917 年的 9 月 10 日。这时离他二十六周岁的生日还差三个月零一周。当年北大的校庆和胡适的生日碰巧在一天，都是 12 月 17 日。晚年胡适还曾作过一篇考证文章，澄清了 12 月 17 日实际是庚子义和团运动后复校的日子。真正京师大学堂创立的日子应该是 1898 年 12 月 3 日

胡适正式聘为北京大学教授，是在 1917 年的 9 月 10 日。离他二十六岁生日还差三个月零一周

（现在北大的校庆是 5 月 4 日）。

当年的北大，还在景山东街，即马神庙的"四公主府"。第一院沙滩的红楼尚在建造中，第三院的译学馆是大学预科，文理本科全在这"四公主府"里了。当时正门尚未落成，平常总是从西头的便门出进。进门往北一带是讲堂；往东一带平房是教员休息室，每人一间，人们叫它作"卯字号"。胡拿着二百六十银圆的一类月薪，住在南池子缎库后身 8 号，那是北大的单身宿舍。

胡适在北大第一次亮相并非在课堂，而是这一年的开学典礼上。他做了《大学与中国高等学问之关系》的演讲，希望用现代大学的理念来改造中国的大学，尤其是北京大学。

蔡元培主政时的北大，正是人才荟萃的时代。陈独秀、李大钊、钱玄同、高一涵、周作人、刘半农、陶孟和等陆续到来。"二十六岁的胡适是其中最年轻的人物。但是他那无可怀疑的受过西方教育的归国学者身份，他在北大的地位，以及他与《新青年》的联系，都标志着他是这个规模较小但条理分明、影响巨大的先锋派的天然领袖。"美国学者杰罗姆·格里德在《胡适与中国的文艺复兴》中说。很快胡适就成为一颗学术明星。

1917 年的中国学术思想界，并非"时无英雄"。严复、康有为、章炳麟、梁启超等几尊大神还都健在。其中，年纪最大的严复六十五岁，年龄最小的梁启超只有四十五岁。但就思想影响而言，他们显然都已进入了"功成身退"的阶段，否则刚回国的胡适也不会在书店里找不到一本可看的书。他面临的恰是一段思想空白期。

当时中国知识分子最困惑的是中学和西学的差异及其相互关系的问题。进入民国后，中国的政体虽然已略具西方的形式，但一切实质问题依然悬而未决，政治现象反而更加混乱。中国的传统观念认为："世运之明晦，人才之盛衰，其表在政，其里在学。"

面对时代的挑战，整整一代知识分子，都在苦苦思索中国文化的现代性问题，却无法突破晚清"中体西用"的思想格局。

一个重要的原因在于，当时大部分中国知识分子，普遍缺乏对"西学"亲切而直接的认识。他们对于西方文化的认识大体都是从日本转手而来的。对这一现象，梁启超在《清代学术概论》中说，这些搞"西洋思想之运动"的知识分子都是不懂西语的，吸收"西学"的能力有限，所得往往"破碎""肤浅""错误"。所以搞了二十多年的西学运动，也没有打下一个坚实的基础。

对于文化的核心问题，当时学术思想界的中心人物中已经没人能发挥指导作用了。严复晚年的思想越来越保守，因此并不愿再谈西学问题，更不愿谈什么中西融贯，甚至退回到洋务运动的"中学为体，西学为用"上了。国内知识分子的思考遇到了一面坚硬的墙，急需一个破壁者。胡适在这个关键时刻出现了。他的优势在于不仅接受了良好正规的西方学术训练，对于西方的思想文化与工业文明也有第一手的体验和观察。

胡适留美七年，正是他的"精神准备"时期。在这七年之内，中国学术思想正处于低潮时期。胡适个人的"精神准备"和中国思想界的"新探索"恰好发生在同一时期，这才使他"闭门造车"而竟能"出门合辙"，二十六七岁的胡适就成为时代思想的发言人了。

胡适用来破壁的武器，就是一种"批判的态度"，即尼采所说的"重新估定一切价值"。这种价值重估的态度，把中国如何现代化的问题从科技和政治的层面提升到文化的层面，因而突破了"中体西用"的思想格局。从此以后，"中学""西学"的旧名词基本便被"中国文化""西方文化"之类的概念所代替了。

在《中国近代思想史上的胡适》中，余英时认为："五四运动前夕，中国学术思想界寻求新突破的酝酿已到了一触即发的境地，但是由于方向未定，所以表面上显得十分沉寂。胡适恰好在这个'关键性时刻'打开了一个重大的思想缺口，使许多人心中激荡已久的问题和情绪得以宣泄而出。当时所谓的'新思潮'便是这样形成的。"于是，胡适的出现象征着中国近代思想史进入了一个新的阶段。

北大中国哲学史的课堂，便成为第一个价值重估的实验室。

原来北大教中国哲学史的，是老教授陈汉章。他从三皇五帝讲起，讲了半年才讲到周公。有的学生问他：照这样讲下去，什么时候可以讲完？他回答说："无所谓讲完讲不完。若说讲完，一句话可以讲完；若说讲不完，那就永远讲不完。"

胡适接手后，第一次运用近代西方的科学方法，删去那些神话传说的三皇五帝，直接从老子孔子讲起，并尽力找出中国古代哲学家著作思想的系统，以及中国哲学发展的线索。不讲权威，讲证据，用西方逻辑学来讲墨子，孔子也不再高高在上，诸子百家，都可以讨论和批判。

历史学家顾颉刚就坐在课堂上，他后来记述道："他（胡适）不管以前的课业，重编讲义，辟头一章是'中国哲学结胎的时代'，用《诗经》作时代的说明，丢开唐、虞、夏、商，径从周宣王以后讲起。这一改把我们一般人充满着三皇五帝的脑筋骤然做一个重大的打击，骇得一堂中舌桥而不能下。"这样的思想震动，仿佛当年走进万木草堂的梁启超。

"他有眼光、有胆量、有断制，确是一个有能力的史学家。他的议论处处合乎我的理性，都是我想说而不知道怎样说才好的。"胡适则捅破了这蒙压在知识分子心头的窗户纸，把顾颉刚们"不知道怎样说才好"的东西说了出来。

教完一年的课，《中国哲学史大纲》（上）的讲义也编印出来了。这是以他的博士论文为基础，加以增改扩充而成的。1919年2月，便由上海商务印书馆出版了。北大校长蔡元培为这本书作序，提出四大思想价值：证明的方法，扼要的手段，平等的眼光，系统的方法。而其中最重要的，则是"平等的眼光"，即摒除正统与非正统的观念，既不以儒非墨，也不"独尊儒术"，而是诸子平等，"老子以后的诸子，各有各的长处，各有各的短处，都还他一个本来面目"。自视甚高的冯友兰，在《三松堂自序》中也肯定了蔡元培对胡适的评价："就当时学术界的水平来说，并非溢美。"

余英时后来不无感慨地写道："胡适以一个二十六七岁的青年，回国不到两年便一跃而成为新学术、新思想的领导人物，这样'暴得大名'的例子在中国近代史上，除了梁启超外，再也找不到第二个了。"

胡适所持的"重估"方法，就是他从美国带回的"实验主义"。在胡适心中，实验主义的基本意义仅在其方法论的一面，而不在其是一种"学说"或"哲理"。他在《杜威先生与中国》中写道："实验的方法至少要注重三件事：（一）从具体的事实和境地下手；（二）一切学说理想，一切知识，都只是待证的假设，并非天经地义；（三）一切学说与理想都需勇于实行来试验过。"胡适特别提出："实验是真理的唯一试金石。"

在半个多世纪后，这句话又以极为相似的形式被重新提起，并再度开启了一轮思想解放运动。

反孔子的"托拉斯"

胡适毕业，归心似箭，连博士学位都没顾上拿。按照哥伦比亚大学的要求，必须将毕业论文出版，并上交一百本后才能拿到学位。而胡适此时却等不及了，一件更大的事业在召唤他。这就是"白话文运动"与"新文化运动"。倏忽近十年，直到1926年他重返美国交上论文，博士帽才真正戴在了头上。博士

约翰·杜威（John Deney，1859 年—1952 年），美国著名哲学家、教育家，实用
主义哲学的创始人之一，功能心理学的先驱，美国进步主义教育运动的代表。

学位问题，甚至成为胡适身后的一段公案。

回国前，胡适的《文学改良刍议》发表在 1917 年 1 月的《新青年》上，同年 9 月他开始在北大任教。他的《中国哲学史大纲》（上）是在 1919 年 2 月出版的，三个月后，便印行了第二版。同时陈独秀在 1918 年 12 月创办了《每周评论》，胡适的学生傅斯年、罗家伦等也在 1919 年 1 月创办了《新潮》。这两个白话刊物自然是《新青年》的有力盟友。以胡适为主将的"新文化运动"便从此全面展开了。

辛亥革命虽然结束了帝制，但并没有改变国家衰弱、民生凋敝的状况。而中国文化的保守性却依旧如故，没有丧失它自高自大、自满自足、居高临下、傲视四夷的地位。这种"汉族中心主义"（唐德刚语）成为蒙住人们双眼的面纱、阻碍中国现代化的拦路虎。

如果不把孔子和其背后的儒学从神坛上请下来，大到解放思想，小至移风易俗，任何进步都无从谈起。就像鲁迅说的，甚至搬动一张椅子都要流血。

"五四"前夕中国学术的主流仍是儒家。但儒学作为一种意识形态，维持社会秩序的作用，早在清末已经摇摇欲坠。汤化龙在民国三年（1914）《上大总统言教育书》中已指出，无论"中、小课读全经"或"以孔子为国教"都是实行不通的。即使推行祭孔的袁世凯政府，对于儒教的社会作用也失去了信心。

此时，胡适"截断重流"重讲中国哲学史，则是对中国上层精英文化的一次"扫荡"。他突破了"汉族中心主义"所制造的瓶颈，使"独尊儒术"恢复到前秦时代，群经与诸子平等。这就是把董仲舒以后，两千年以来"被扭转的历史再扭转过来"。胡适回国前已把当时能找到的西方思想史经典原版书读遍，他深知西方文明的崛起，文艺复兴是第一炮。只有上帝的权威动摇了，理性之光才有空间，个人才能独立。而质疑孔子就是瓦解中国的"上帝"。

在下层大众文化的战场上，撼动传统文化的保守性，胡适则以"白话文"为突破口。胡适深信，"语言文字是世界上最保守的东西"，而中国的语言文字恐怕是"最保守的东西"中的典型。

他敏感地注意到了"形式"变革的重大意义，不仅有历史的眼光，也有逻辑的思考。胡适认为语言的形式不打破，思想内容的更新无从谈起。他在《尝试集》自序中写道："我们认定文学革命须有先后的程序，先要做到文学体裁的大解放，方才可以用来做新思想新精神的运输品。"他在《谈新诗》中将这种"体裁解放"上升到了更高的层面——形式上的束缚，使精神不能自由发展，使良好的内容不能充分表现，若想有一种新内容和新精神，不能不先打破那些束缚精神的枷锁和镣铐。

在这个意义上，白话文运动就是中国人精神解放的第一步，是破除掉的第一层"精神的枷锁和镣铐"。

胡适在留学期间就对改良中国文字感兴趣，他在《如何可使吾国文言易于教授》中提出"汉文乃是半死之文字"，当务之急是"改良文言的教授方法，使汉文容易教授"。1915年他和同学任叔勇、梅光迪、杨杏佛等人之间产生了一场激烈的争论，他称之为"革命的导火线"，而"文学革命"的口号就是在那场争论中提出来的。胡适期望，借助白话文将无声的中国变为有声的中国，将一个濒死的文化复活过来。

胡适归国前便以《文学改良刍议》一文打了第一炮，引起了国内改革派知识分子的群起响应。鲁迅对于白话文的表达更为极端，他在《二十四孝图》中说："只要对白话文来加以谋害者，都应该灭亡。"通过第一篇白话小说《狂人日记》，周树人成了鲁迅。而胡适的《中国哲学史大纲》（上）是中国第一部白话学术论著；他的《尝试集》又是第一部白话诗集，他甚至还是中国知识阶层中第一个用白话写信的人。

整个新文化运动的法宝，正是由于白话文作为工具的变革，撬动了中国文化从旧的范式向新的范式转变。

进了北大，胡适便直接参与《新青年》的编务活动，与陈独秀一起倡导新文化运动和文学革命。因为陈、胡二人，北大自然成为新文化运动的中心。

作为对文化保守派"保存国粹"的回应，胡适提出了"整理国故"的概念，即拿上"重估一切价值"的尺子，用科学的精神和方法去厘清事实，进而界定一切旧文化的价值。"必须以汉还汉，以魏晋还魏晋，以唐还唐，以宋还宋，以明还明，以清还清；以古文还古文家，以今文还今文家；以程朱还程朱，以陆王还陆王……各还他一个本来面目，然后评判各代各家各人的义理是非。"

用今天的话说，就是去伪存真，实事求是，自由讨论。反对盲从，反对迷信，反对调和——没有领袖不可以质疑，没有学说不可以辨析，没有权威不可以推倒。"新思潮的意义"，就在于"研究问题""输入学理""整理国故"，最终"再造文明"。

在价值重估的过程中，孔子及儒家学说自然成为一个靶子。孔子的权威动摇了，文化保守性也就松动了。胡适在给吴虞的《爱智庐文录》的序言中写道："何以那种种吃人的礼教制度都不挂别的招牌，偏爱挂孔老先生的招牌呢？正因为两千年吃人的礼教法制都挂着孔丘的招牌，故这块孔丘的招牌——无论是老店，是冒牌——不能不拿下来，捶碎，烧去！"

胡适认为，最终一战就是要把孔家店的招牌摘下，砸碎了烧掉。不把孔家店砸个稀巴烂，新的思想无法生根，新的西方学理就引不进来，"再造文明"终究就是一句空话。

值得注意的是，胡适打倒孔家店的本意，并非打倒孔子，而是打掉那个被神化的孔子，那个垄断人们思想的孔子，破掉的是儒家的宗教外衣。说到底，胡适是在反孔子的"托拉斯"，反儒家的"意识形态"，而不是反孔子的"本来面目"。唐德刚分析："孔二先生孔家老店，搞垄断贸易，已搞了两千多年，把我们消费者压惨了。所以胡适要率领红卫兵'打倒孔家店'。"

事实上，胡适小时候也拜过孔夫子，是孔孟儒家的一个虔诚小信徒。他还在家里用纸盒做了一个"孔庙"每天拜祭。留美期间，他受了西方民主新思潮的启迪，对孔圣人已经不那么盲目崇敬了，并且嘲笑过袁世凯尊孔祭圣的丑剧。但胡适对于一切著作中的孔子、孟子、朱熹是"十分崇敬的"。他甚至说他心中有三个偶像，第一位就是孔子，取其"知其不可为而为之"。

个人的自由与国家的自由

在北京教书的第二年，胡适打算把母亲和妻子接来同住，于是打算去租一个较大的四合院。最后选定了老北大边上的钟楼寺 14 号，是个普通的典型四合院。地方不算大，但也有十七间房。房租每月二十银圆。一进门是门房，九间正房，两侧为厢房，旁边有耳房。正房是卧房和书房，男用人住在门房，女用人住在耳房。庭院不大，有几棵小树、几盆夹竹桃。

胡适生性爱交际，他在给家里的信中说到一些较大的开支，比如结婚后，曾邀请住在会馆中的安徽同乡吃喜酒，结婚宴请北大同人一次就花去了六十银圆。胡适很勤奋，生计不成问题，稿酬源源不断。商务印书馆也想请胡适来工作，开出三百银圆的月薪，但胡婉拒了。

然而胡适接母亲来住的愿望终究落空，他的母亲冯顺弟在 1918 年底因感冒去世，时年四十五岁。

胡适三岁丧父，由其母抚养长大，他的脾气性格受母亲影响最深。母亲二十三岁守寡，生活于一个破落的旧式家庭中，勉力维持家业，备尝艰辛。

母亲去世后，胡适又想起了出国前在《竞业旬报》所写的

胡适与夫人江冬秀合影（摄于 1917 年 12 月）

一篇文章《论继承之不近人情》。他在文章中说："一个人能做许多有利于大众、有功于大众的事业，便可以把全社会当成他的孝子贤孙。"胡适把这一层思想叫作"三 W 的不朽主义"。"三W"代表"worth、work、words"，即"立德、立功、立言"才是不朽。

此时，他觉得有必要对当初的观点进行修正。因为他的母亲是个字都不识几个的家庭妇女，却对他的成长产生了重要影响，所以一切事情，极其平常的"庸言庸行"，也都可能是不朽的。于是胡适提出了自己的"社会不朽论"，即任何人的任何行为，无论善恶都会留存在社会上，产生影响。

个人是小我，社会是大我，胡适借此讨论人与社会的关系，"小我是会消灭的，大我永远是不灭的"；"每一个小我的一切作为，一切功德罪恶，一切言语行事，无论大小，无论是非，无论善恶——都永远留存在那个大我之中"。

于是胡适引申出个人责任的重要——"你种谷子，便有人充饥；你种树，便有人砍柴，便有人乘凉；你拆烂污，便有人遭瘟；你放野火，便有人烧死"。胡适反复强调："今日的世界便是我们祖宗积的德、造的孽，未来的世界全看我们自己积什么德或造什么孽。"

胡适一生不信任何宗教，却把这种个人对社会的责任视为一种宗教和信仰。

胡适在对毕业生的演讲中经常会说到"功不唐捐"。意思是，任何努力都不会白费。这句话改自《法华经》的"福不唐捐"。在 1932 年毕业演讲中，胡适说："一个国家的强弱盛衰，都不是偶然的，都不能逃出因果的铁律的。我们今天所受的苦楚和耻辱，都只是过去种种恶因种下的恶果。我们要收将来的善果，必须努力种现在的新因，一粒一粒地种，必有满仓满屋的收……在我们看不见想不到的时候，在我们看不见想不到的地方，你瞧！你下的种子早已生根发芽开花结果了。"

"五四"时期，胡适更多从个人独立自由、个性解放的角度来倡导民主。当时许多人往往都把民主理解为一套制度安排，以为只要掌握权力，按这些安排去做，民主制度就实现了。但胡适认为这还远不够，没有个人的解放，没有个人的独立自由，没有基于个人自觉自愿的联合、自治的基础，民主是不可能真实确立起来的。

胡适认为，知识分子为了更好地参与社会，就必须首先使自己的人格独立于社会。这便是他所宣扬的"易卜生主义"——"把自己铸造成器，方才可以希望有益于社会。真实的为我，便是最有益的为人。"

1918 年 6 月，《新青年》要出"易卜生专号"。胡适与罗家伦合译了剧本《娜拉》（今译《玩偶之家》），他又专门写了《易卜生主义》一篇论文。

这篇文章在青年中影响力巨大，被誉为"个性解放"的宣言书。胡适认为："社会的改造不是一天早上大家睡醒时世界忽然改良了，须自个人'不苟同'做起。"

胡适认为，个人常常受到社会的压迫，"社会最大的罪恶莫

1939 年，学者胡适

过于摧折个人的个性，不使他自由发展"。而人性的光辉就在面对社会、群体的压力，保持自己的独立人格，并为自己的一切言行负责。他认为所谓独立的个性，必须具备两个条件，缺一不可。"第一，须使个人有自由意志；第二，须使个人担干系、负责任。"胡适后来办各种杂志，编辑稿件都不改一个字，写作者也都用原名而不用笔名，包括他自己。

胡适终生推崇易卜生在《国民之敌》中塑造的斯铎曼医生，一个孤独的、不畏世俗的、敢说真话的"国民之敌"。他始终以此为标准要求自己，劝慰青年。1930 年，在《介绍自己的思想》一文中，胡适宣称："世上最强有力的人就是那最孤立的人！"

胡适的"健全的个人主义"试图去解决个人自由与国家、民族利益的关系——"现在有人对你们说：'牺牲你们个人的自由，去求国家的自由！'我对你们说：'争你们个人的自由，便是为国家争自由！争你们自己的人格，便是为国家争人格！自由平等的国家不是一群奴才建造得起来的！'"

借助于这种立场的转换，胡适就得以从个人主义的角度来解释"五四"的口号。他认为，民主只不过是一种生活方式——"千言万语，归根只有一句话，就是承认人人各有其价值、人人都应该可以自由发展的生活方式。"

因此，他也就将独立个人和政治国家的主从关系反转了过来。个人独立与自由是一个健全国家的前提。这样，他就有理由重新摆正一个自由知识分子与政治组织的关系：政府不能要求个体的绝对忠诚；而个人又是高于政府之上，政府只能要求他的才能却不能要求他的思想。

然而胡适所处的时代，国无宁日，战乱频仍，民族救亡的压力不曾给人以喘息之机，个人与国家之间常常处于紧张关系。胡适一生演讲无数，出现频率最高的一个句子恐怕就是"最好的办法莫过于把自己铸造成器"。这是他对青年的期望，也是自己内心的独白，是他认为解决所有个人困惑的最后的那颗"定心丸"。

"正义的火气"

一般认为胡适在 1917 年 1 月发表的《文学改良刍议》，是新文化运动的第一页，按照郑振铎的说法是"发难的信号"。

值得注意的是，胡适的"发难"态度。他不仅选择了更加温和的"改良"，而且还是谦虚的"刍议"。他在篇末特别提到，希望读者能够匡正纠错。也就是说，胡适认为自己只是提出了一种见解，抛砖引玉，以讨论的态度研究问题。

而北京的陈独秀却嫌胡适的态度过于温良。在紧接着的二卷 6 号上，他亲自写了一篇《文学革命理论》，自称"愿拖四十二生之大炮，为之前驱"。陈独秀把胡适的观点、态度全面升级，不仅要高举"'文学革命军'之大旗"，而且要在旗上大书特书他的"革命三大主义"。

胡适看到陈独秀的文章后，感到不妥，便又回了一封长信。

胡适说，虽然他在自己的诗文中，和朋友讨论时常会用到"文学革命"，但写成文章发表出来还是用了"改良"而非革命，是"刍议"而非教条式的论断。胡适认为，文学的改革非一朝一夕，也不是一两个人能定的。他更希望国内知识分子能心平气和地研究这个问题，讨论成熟了，问题就解决了。他不敢以自己绝对正确，而应该允许他人"匡正"。

然而，陈独秀却不以为然。他回复胡适，承认自由讨论是学术发达的原则，但是就白话文学而言，这件事已经很清楚了。"必不容反对者有讨论之余地；必以吾辈所主张者为绝对之是，而不容他人之匡正也。"钱玄同的态度则更加激进，给白话文的反对者直接扣上了"选学妖孽、桐城谬种"的帽子，他的态度是，敌人不投降就叫他灭亡。

1920 年北洋政府教育部通令全国，小学一、二年级国文一律改为白话文体，并从 1922 年开始在小学全部试行白话文教学。使用了几千年的文言文，只用了三年多的时间，就被白话文取代了。革命派大获全胜。一方面，时代使然，如生物进化自有规律；而另一方面，则与新文化运动推进者的激进态度密切相关。

对于陈独秀的激进，胡适晚年也有过正面的评价。他在《五十年来中国之文学》中写道："当日若没有陈独秀'必不容反对者有讨论之余地'的精神，文学革命的运动绝不能引起那样大的注意。"

骂还是不骂？"绝对之是"还是"匡以正之"？激进与保守，两种态度，两种取向，在新文化运动中第一次交锋。"骂派"

是陈独秀、钱玄同、鲁迅，都有留日的背景；反对谩骂的是胡适、汪懋祖、任鸿隽、张奚若等，他们都是留美的。留美留日的两拨学生，知识背景不同，价值信念也有区别，他们虽开始在一起，但分道扬镳几乎是必然的。

留美的汪懋祖写信给胡适批评《新青年》说："如村妪泼骂，似不已容人以讨论者，其何以折服人心？"任鸿隽从美国回来写信给胡适说："谩骂是文人最坏的一种习惯，应当阻遏，不应当提倡。"

而钱玄同则写信给胡适，批评他的态度过于"周旋"："老兄（胡适）的思想，我原是很佩服的。然而我却有一点不以为然之处，即对于千年积腐的旧社会，未免太同他周旋了……老兄可知道外面骂胡适之的人很多吗？你无论如何敷衍他们，他们还是很骂你，又何必低首下心，去受他们的气呢？我这是对于同志的真心话，不知道老兄以为怎样？"

1924 年，白话文运动的论敌林纾（字琴南）去世。胡适特地在《晨报》写文章纪念。他说："我们晚一辈的少年人，只认得守旧的林琴南，而不知道当日的维新党林琴南；只听得林琴南老年反对白话文学，而不知道林琴南壮年时曾作很通俗的白话诗——这算不得公平的舆论。"为了还林琴南一个公平，胡适还抄了五首他的白话诗，还其一个本来面目。而钱玄同等仍旧不饶恕，他在《写给刘半农给启明的信底后面》中说："我的意见，今之所谓'遗老'，不问其曾'少仕伪朝'与否，一律都是'亡国贱奴'，至微至陋的东西。"最后，还要加上一声"呸"。

胡适的"宽容"和他的同道的"不宽容"构成了新文化运动中的一个内在裂痕，最终导致了团体的分裂。这种"绝对之是"的态度，慢慢形成了不容忍的空气，成为胡适后来所说的"正义的火气"。对自由的追求也就走向了它的反面。

胡适晚年在给苏雪林的信中反思说："'正义的火气'就是认定我自己的主张绝对的是，而一切与我不同的见解都是错的。一切专断、武断、不容忍，摧残异己，往往都是从'正义的火气'出发的。"

"杀君马者道旁儿"

"五四"那天，胡适不在北京。他的老师杜威在上海演讲，他陪同翻译。直到第二天，住在北大教授蒋梦麟家里的胡适刚刚起床，就听见有人敲门，随后进来几名记者，后面还跟着张东荪。报纸随后送到，各报首页都是有关北大学生游行示威被抓捕的大标题。他还不知道，当天学生运动的总指挥就是他的得意弟子傅斯年。

5月7日，上海市民响应国民外交协会的号召，在公共体育场召开国民大会。大会由复旦学生代表何葆仁担任主席，全场一致支持北京学生的爱国运动，要求惩办国贼，不得在《巴黎和约》上签字，要求归还青岛和撤走胶济铁路沿线军队，并废除"二十一条"。

　　胡适也大汗淋漓地挤在群情激昂的人群中。他在日记中写道："我要听听上海一班演说家，故挤到前台，身上已是汗流遍体。我脱下马褂听完演说，跟着大队去游街，从西门一直走到大东门，走得我一身衣服从里衣湿透到夹袍子。"

　　5月29日，胡适陪同杜威回到北京。此刻学生还在罢课。胡适深感焦虑，他希望学生尽快复课。这一点与北大校长蔡元培是一致的。"五四"当天，蔡元培就站在学校门口希望阻止学生出门，他认为示威游行不能扭转时局，而北大因提倡学术自由，已经被守旧人物和政府所厌恶，如果闹出事来反倒给了他们惩戒北大的借口。

　　蔡元培已身心俱疲，他虽然同情学生的爱国热情，但一向认为大学是做学问的地方，不是搞政治的地方。现在自己忽然成了学生的靠山，而政府又视他为幕后主使，他无形中被推到了风口浪尖上。蒋梦麟后来在自传中转述了蔡元培对未来的担心："今后将不易维持纪律，学生们很可能为胜利而陶醉。他们既然尝到权力的滋味，以后他们的欲望恐怕难以满足了。"

　　5月9日，蔡元培留下了一张字条辞职而去，上面写着，"杀君马者道旁儿"。这个典故出自《风俗通》，意思是一匹好马跑得很快，但路边看客不停地鼓掌，马不停地加速，结果不知不觉地被累死了。蔡元培说的是自己的处境，也是对学生的担心。

　　一年之后，胡适在《晨报副刊》上发表了纪念"五四"的文章《我们对于学生的希望》。他表示："在变态的社会国家里面，政府太卑鄙腐败了，国民又没有正式的纠正机关（如代表民

1919 年 6 月 3 日，北京，在游行的学生
西德尼·甘博（Sidney Gamble） 拍摄

意的国会之类），那时候干预政治的运动，一定是从青年学生界发生的。"五四运动推动了国民的觉醒，激发了青年个性解放的要求，带来了社会的新气象。除了这些积极的因素，胡适也感到隐隐的忧虑。

新文化运动经由五四运动而被政治化。胡适看到学生已经成为政党的武器，成为一种可以利用的力量。曾在国民党内负责青年工作的朱家骅后来说："五四运动后不久，青年运动的本身，又侧重于政治运动。当时的各种政治组织，都在'谁有青年，谁有将来'的观念下，要取得青年的信仰，于是青年也变作了获得政权的一种手段。"

社会风气与学生的心态发生了深刻的变化。挂冠而去的蔡元培，后来含蓄地指出："因学生运动的缘故，引起虚荣心、依赖心，精神上的损失着实不少。"这是一种比较委婉的说法。查毓英在给胡适的信里专门对青年们的风气提出尖锐批评。他说，北大学生热衷开会，每年大会小会不下千次，而"关系学术的恐怕不能占百分之一"。有些学生以"五四功臣"自居，"甚至将前什么会议代表、主任等字样印于名片"。大家无心学术，考试舞弊的现象频出。学校里高谈阔论的人多，实地做事的人少。

胡适在北大的十余年中，从教授到文学院长，再到校长，面临一波又一波的学潮，学生罢课如习惯性流产。他尝够了"杀君马者道旁儿"的滋味，却从没辞职过。

几乎在每一个"五四"纪念日，胡适或写文章或发表演讲。他的态度从来没有变过，学生关心社会是好，但不要受骗，不要

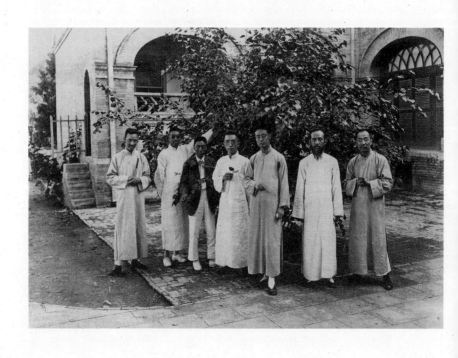

1924 年北大《国学季刊》同仁合影。左起：徐炳旭、沈兼士、马衡、胡适、顾颉刚、朱希祖、陈垣（北京大学人文社会科学研究院和北京大学蔡元培研究会　供图）

空谈主义，最不可取的就是罢课。胡适认为"罢课"就是偷懒和不负责任。

胡适始终将五四运动视为中国的文艺复兴，其本质应该首先在于思想文化的启蒙。他通过接触新世界的科学与民主的文明，使中国的人文主义与理性主义复活起来。直到他生命的尽头，这种看法与信心仍旧没有动摇。1960 年 7 月，在华盛顿大学举办的中美学术合作会议上，他以《中国传统与未来》为题做公开的演讲。在演讲的最后，他说："简言之，我相信'中国的人文主义与理性主义'传统，不曾被毁灭，也绝不可能被毁灭。"

然而令胡适感到遗憾的是，五四运动的爱国主义本身虽然值得赞扬，但是就中国文艺复兴而言，它仍旧是个不受欢迎的干扰。因为在胡适看来，五四运动标志了中国学术界政治化的开端。一场思想文化运动最终拉开了政治运动的大幕。胡适归国时所期待的思想革命远未完成，作为"新政治"基础的"新文明"尚未成形，便走上了政治化的道路。他当初立意要打下一个非政治的思想文化的基础，这个目标已经落空了。

值得一提的是，1926 年蔡元培写了首诗送给胡适，其中一句就是"道上儿能杀君马，河干人岂诮庭粗"。胡适晚年在台湾，又把这句话说给了《自由中国》的同人雷震。胡适劝雷震不要再组建反对党，组党一定没有好下场。不久后，《自由中国》杂志被封，雷震被军事法庭判入狱十年。

主义向左，问题向右

1919 年 6 月，陈独秀因散发传单被捕后，由胡适代为编辑《每周评论》。胡适本人并不十分赞同《每周评论》的政治浓度，他也不是一个热衷于空谈政治的人。他后来在《口述自传》中说："既然无法避免谈政治，我就决定谈点基本的问题。"于是就有了那篇著名的《多研究些问题，少谈些主义》。

胡适注意到，"五四"之后人们太迷醉于各种主义、各种理论，甚至仅仅是口号，而不肯脚踏实地地研究问题，是一种很大的危险。因为空谈主义并不能解决任何实际的问题，反而会被政客所利用，所以还是提倡研究实际问题。

胡适的文章引起了李大钊、蓝公武等人的批评。当时，北京各学校正放暑假，李大钊离京到了昌黎五峰山，读到胡适的文章便立即挥笔，写了《再论问题与主义》的公开信，反驳胡适的观点。李大钊公开声明自己是"喜欢谈谈布尔什维克主义的"，并且指出，问题与主义有不能分离的关系，中国的社会问题，必先有一个马克思主义的"根本解决"，才有把一个一个的具体问题都解决了的希望。接着，胡适又写了《三论问题与主义》和《四论问题与主义》，反驳李大钊等人的主张，并就"输入学理的方法"进行了较深入的探讨。

但是，8 月 30 日，《每周评论》第 37 号正在印刷的时候，北洋军阀政府的秘密警察突然光顾，查封了报纸，没收了财物，登在这一期上的《四论问题与主义》也胎死腹中，只有少量报纸流传出来。于是"问题与主义"的论争也便中止了。

双方争论的焦点，就在于是否相信社会的历史构成中有一个"最后之因"。如果承认其有，那么只要抓住这个"最后之因"，所有问题就可迎刃而解。而所谓的"根本解决"的路径就是社会革命，或者如陈独秀看来，就是"阶级斗争"。

李大钊坚信，马克思主义、布尔什维克主义及其革命运动是可以"根本解决"中国的一切社会问题的。"根本解决"的理念是每个充满理想的革命者的思维定式，也是他们的终极目标。李大钊不同意"少谈些主义"，相反，他认为只有"主义"才能根本解决"问题"。他要研究的唯一问题就是如何将纸上的主义转入到实行的主义上去。李大钊也认识到空谈是没有用的，但他很清楚胡适文章的矛头主要是对着马克思的社会主义，所以他没有指责胡适反对马克思主义，而是批评胡适反对他人宣传马克思主义。

胡适并非没有研究马克思主义，只不过他认为马克思主义中的阶级斗争学说不应该被加大宣传；暴力革命带来的主义的胜利，也未必真是一切社会问题的"根本解决"。事实上，作为"实验主义"的信徒，胡适根本就不认为有任何根本解决之道，而社会的发展在于改良，在于一点一滴的进步。胡适可以接受马克思的唯物史观，但是不能接受阶级斗争理论。

胡适认为"五四"之后，中国陷入了"目的热"和"方法盲"之中，空谈主义就是滋养这两种毛病的温床。人本身的愚昧，很容易被主义的神秘性所哄骗，"被几个抽象的名词骗去赴汤蹈火，牵去为牛为马，为鱼为肉"。

所以，"一切主义，一切学理，都该研究，但是只可做一些假设的见解，不可做天经地义的信条；只可认作参考印证的材料，不可奉为金科玉律的宗教；只可用作启发心思的工具，切不可用作蒙蔽聪明、停止思考的绝对真理"。只有如此，才能将人类从抽象名词的迷信中解放出来。

胡适在社会历史观上是个多元论者，他不相信有个"最后之道"在左右历史。他是杜威的学生，杜威对社会发展有一个著名的比喻，即社会进步应该是"零售生意"，而不是"批发的买卖"。也就是说，进步是在零打碎敲中完成的，是"得尺进尺，得寸进寸"。所谓"根本解决"，只是一个良好的愿望，根本不可能实现。

胡适反空谈主义，主要是反对空谈马克思的社会主义和克鲁泡特金的无政府主义。1922 年，他应北大同学新闻事业同学会的邀请做过一次演说，希望新闻业者能对"真问题"有所贡献。他在最后说："宁可因讨论活问题而被封禁、被监禁、被枪毙，也不要拿马克思主义、克鲁泡特金来替张作霖、曹锟、薛大可、叶恭绰的报纸充篇幅。"

由于杂志被封禁，胡适的话没有讲完。十年后，胡适在《汤尔和译〈到田间去〉序》中承认了自己在"问题与主义"之争中的失败，"十年以来谈主义的人更多了，而具体的问题仍旧没有人过问"。

　　就在"问题与主义"争论达到高潮的 1919 年 9 月 1 日，毛泽东在长沙组织了一个"问题研究会"，亲自拟定了章程，并列出了首批几十个等待研究的"问题"。包括"国语问题""贞操问题""杜威教育如何实施问题"。稍晚毛泽东创办的"文化书社"也重点经销胡适的书，如《尝试集》《中国哲学史大纲》等。

　　胡适晚年在《口述自传》中说："我从未写过一篇批评马克思主义的文章！"《每周评论》由倾向马克思主义的陈独秀编了二十七期，没有被查封；反对马克思主义的胡适编了才十期，就被当局查封了。

　　随着"问题与主义"之争的结束，由新文化运动而形成的一个知识分子圈子也开始解体了。谈主义的向左来，研究问题的向右去。在胡适看来，分手并无不妥，若是为了表面的团结而牺牲思想的自由，才是丢脸。

『不合时宜』的歧路

胡适自己并未意识到，在 1922 年他对个人角色进行了一次重新塑造。他不仅是教师、学者，也是舆论家，这三维角色构成了近代自由知识分子的身份模板。

忍不住的新努力

1922 年 6 月，胡适写了一篇《我的歧路》，他在文章中回顾了回国四五年的思想历程，同时也是解答朋友们的疑问。胡适说自己正站在"三岔路口"："一只脚已踏上东街，一只脚还踏在西街，我的头还是回望着那原来的老路上！"

此时的胡适，只有三十一岁，正站在他人生的第一个高峰。短短两三年，新文化运动势如破竹，无论在学术界、思想界还是教育界，胡适已暴得大名。这年 1 月，上海一家媒体举办了一次公众人物的投票，胡适被选为"中国十二个最伟大人物"之一。在给美国女友韦莲司的一封信中，他不无得意地谈了自己的成绩，"我似乎一觉醒来就成了一个全国最受欢迎的领袖人物"；这其中也有一点儿幸福的烦恼，因为"很少有人能理解到：与暴得大名斗远比与反对意见斗更艰难"。

在新文化运动后不久，胡适很快就放弃了他的"二十年不谈政治"的想法。胡适说："直到 1919 年 6 月中，独秀被捕，我接办《每周评论》，方才有不能不谈政治的感觉。那时正当安福

部极盛的时代，上海的分赃和会还不曾散伙。然而国内的'新'
分子闭口不谈具体的政治问题，却高谈什么无政府主义与马克思
主义。我看不过了，忍不住了——因为我是一个实验主义的信
徒——于是发愤要想谈政治。"

　　"问题与主义"之争，与其说是谈政治，不如说是谈政治
的思想。其中没有胡适的政治主张，依旧是他在谈思想。不过，
这种"准政治"言论，"刚开了头却煞了尾"。按照胡适的说法：
"我的政论的'导言'虽然出来了，我始终没有做到'本文'的
机会！"

　　其实，胡适本来就是政治爱好者。在美国康奈尔大学时，
他不仅有三分之一的学时选修政治、经济课程，而且对美国的政
治活动和政治制度也很感兴趣，一面为中国的民主辩护，一面注
意世界的政治。那时他还是世界学生会、国际政策会的会员。但
1917年回国时，他已被"逼上梁山"，走向了文学革命的道路。
所以，他"打定二十年不谈政治的决心，要想在思想文艺上替中
国政治建筑一个革新的基础"。

　　这也就是胡适后来所说的，对于政治"不感兴趣的兴
趣"。这种政治观的根本特点，就是强调政治的"思想文化
基础"，并进一步认为中国固有的文明必须得到"系统的严
肃批判和改造"。

　　胡适看到："在名义上的共和下，八年痛苦的失败渐渐地使
年轻的中国认识到，民主是不能仅仅通过政治的变革来给予保证
的。"直到晚年胡适都认为："民主是一种生活方式，是一种习

惯性的行为。"现在，他所要努力的，就是要在中国实行所谓"造因"工程，以此为未来民主宪政的实现而打下国民的基础。

　　然而在内忧外患、救亡图存的时代浪潮中，"五四"使胡适的"中国的文艺复兴"走向了政治运动。胡适很快发现，单纯书斋里的"造因"工程不仅一厢情愿，更是一种消极的选择。他希望能看到有价值的争论文章。"然而我等候了两年零八个月，中国的舆论界仍然使我大失所望。"他终于忍不住，亲自披挂上阵。于是就有了1921年努力会以及1922年《努力》周报的创办（周报创立后，努力会以"努力社"一名出现）。谈政治，成为他"一种忍不住的新努力"，也宣告了"造因"工程的失败。

　　胡适说："我现在出来谈政治，虽是国内的腐败政治激出来的，其实大部分是这几年的'高谈主义而不研究问题'的'新舆论界'把我激出来的。我现在的谈政治，只是实行我那'多研究问题，少谈主义'的主张。"

　　胡适的选择引来了一些朋友的反对。如鲁迅的弟子、同乡孙伏园给他写信，希望胡适不要抛弃学术与思想文化事业，写《政论家与政党》之类的文章实在不值，并且希望替文化史拉回被政治史夺走的胡适。

　　但胡适的回复是："没有不在政治史上发生影响的文化；如果把政治划出文化之外，那就又成了躲懒的、出世的、非人生的文化了。"此时的胡适，依旧秉承了在美国习染的观念——"关心政治是知识分子的责任"。

　　不过胡适依旧认为，他的主业还是学术与思想，即"哲

胡适说：谈政治，成为他"一种忍不住的新努力"

学是我的职业，文学是我的娱乐，政治只是我的一种忍不住的新努力"。

胡适这种对政治之有限、审慎、时断时续的介入，显然与传统士大夫们徘徊于"独善其身"和"兼济天下"之间的心态有关。但是，时过境迁，这种心理结构又渗入了新的含义：走进书房，已不再意味着去养气、去逍遥，而是意味着去献身于社会所必需的独特职业分工；走出书房，也不再意味着去当官、去从政，而是意味着以社会公德和良知的名义，去对公众生活的各个方面发表独立的思考和批评。

胡适自己并未意识到，在1922年他对个人角色进行了一次重新塑造。他不仅是教师、学者，也是舆论家，这三维角色构成了近代自由知识分子的身份模板。

刘东在《衰朽政治中的自由知识分子》中生动地谈到这种角色的困境："胡适的书房，就好像设在一条驶到河心的破轮船上。他不舍得离开房间，不然他就做不成学问；但他又很想去看看水手们到底把漏洞堵上没有，因为船若沉了他还是做不成学问。他只能在这个二难推理中惶惑和摇摆着。"

渐渐地，胡适在"新努力"上不断努力，越走越远。他的最重要的学术著作《中国哲学史大纲》和《白话文学史》都只写出了上册，便没了下文。而他谈政治的"歧路"却终于成了不归路。

自由主义的观象台

地理学家丁文江是胡适的好朋友，也是努力社的创始人和直接推动者。他认为有职业而又不吃政治饭的人应该组织一个小团体，研究讨论政治，并对实际政治做公开批评。而且丁文江也曾多次批判胡适的不谈政治："你的主张是一种妄想。你们的文学革命、思想改革、文化建设，都经不起腐败政治的摧残。良好的政治是一切和平的社会改善的必要条件。"

这个社的成员，除胡适、丁文江、蒋梦麟和王徵外，还有蔡元培、高一涵、任鸿隽、陈衡哲、陶孟和、张慰慈等人。他们大多是有欧美留学背景的知识分子，而胡适则是当之无愧的思想领袖。

1921年5月，胡适草拟了《努力会简章》。信条之一就是："我们当尽我们的能力——或单独，或互助的——谋中国政治的改善与社会的进步。"他们并且议定，会议时用西方通行的议会法规，"本会的性质为秘密的"。成立日期是1921年6月1日。

在1921年7月的一次会议上，大家商定办一份小报，胡适提议就叫《努力》。每名社员捐赠月收入的5%作为办报的经费，然而办报的过程却费了些周折。先是警察厅借口房东不同意，不予批准。于是胡适就拟了一个措辞严厉的呈文，要求"再请立案"。一个月后北洋政府找不到任何理由，就在1922年3月31日下了批文，但要求胡适他们"慎重将事，勿传偏激之言论"。1922 年 5 月 7 日，《努力》周报出刊，这是胡适按照自己的意志主持的第一个政论周报。从此胡适与政治刊物结下了不解之缘，直到其去世。

这一年的 6 月，胡适和日本作家芥川龙之介见面，芥川打算用口语翻译胡适的诗。胡适在日记中记录了两人的谈话。芥川认为中国的作家享有的自由比日本人要大很多，他很羡慕。胡适回答说："其实中国的官吏并不是愿意给我们自由，只是他们一来不懂我们说的什么，二来没胆子与能力干涉我们。"

值得一提的是，此前一年芥川龙之介在上海见到了中国共产党的创始人之一——李汉俊。李汉俊对芥川说："如何改造现在的中国？要解决此问题，不在共和，亦不在复辟。这般政治革命不能改造中国，过去既已证之，现状亦证之。故吾人之努力，唯有社会革命之一途。"接下来，李汉俊又说，"兴起社会革命，不能不依靠宣传。是故吾人要著述。……种子在手，唯万里荒芜，或惧力不可逮。吾人肉躯堪当此劳否？此不得不忧者也。"随后，"言毕蹙眉"。

李汉俊对芥川表明了他的政治观点，即"政治革命不能改造中国"，辛亥革命后诞生的共和国或"民国"不久就成了一副空架子，军阀割据混乱依旧。解决的办法是"唯有社会革命之一途"。也就是说，必须要发动一场社会革命，而不能将中国前途放在中央政府权力的私相授受或互相争夺上。

他们见面的地点，就在李汉俊的哥哥李书城家——原望志路 106 号、108 号，今兴业路 76 号、78 号。几个月后，这里召

开了一次秘密会议，中国共产党在此成立。一个信奉马克思主义
的政党逐渐成了中国革命的领导者，中国这艘大船放弃了改良的
航向，转向了革命、再革命、将革命进行到底的航程。

20世纪20年代，新文化运动正在急剧分化。在主要流派
中，《新青年》以陈独秀为代表转向马克思主义，他们把共产国
际的主张转化为自己的纲领。《少年中国》中演化出国家主义派。
控制着《晨报》《时事新报》和《解放与改造》等新文化运动重
要阵地的梁启超派（研究系），也亮出自己的纲领。而以努力社
为核心，胡适等自由主义知识分子也形成了自己的小圈子，写文
章谈政治。观点可以不同，可以辩论，但文责自负。《努力》周
报成为这些自由主义者的"观象台"。

这种模式，在后来的《新月》与《独立评论》中一脉相承
地延续下来。

在《努力》周报中，胡适以"这一周"栏目为舞台，以一
个舆论家的姿态开始了他的时政评论生涯。他专门写了《胡适先
生到底怎样》表明自己的态度："封报馆、坐监狱，在负责任的
舆论家的眼里，算不得危险。然而，'跑'，尤其是'跑'到租
界里去唱高调，那是耻辱！那我是绝不干的！"

胡适以"独立的政论家"自诩，认为"这种独立的政论家，
越多越有益……""他们的武器有两种：第一是造舆论……第二
是造成多数的独立选民"。两者结合，启迪公民自觉，并形成独
立的现代舆论力量，给朝野吃政治饭的人以强大压力。

胡适们力图在中国社会中培植一种新的现代政治文化，其

核心是从西方，尤其是从英美舶来的民主、自由与法治的观念。他们以新观念为尺子和准绳，去揭露和批判"不民主""不自由""不法治"的旧政治和旧文化。"政治上的革命不只是采用新的制度——用总统代皇帝，用国务院代军机处……还有更根本的就是采用新的理想，承认新的价值。"

《努力》周报的生命很短，只有一年五个月，共出了七十五期，引发了以"我们的政治主张"为题的讨论、制宪问题的讨论、玄学与科学的论战等重要话题。

1923年，曹锟贿选成功，胡适对政治的糟糕深感失望，他认为《努力》周报的时评没办法做下去了。他给高一涵等人写信，商量停刊的事情。胡适认为，现在谈政治就是对着墙说话，最多不过大骂一场，但是"加上一骂，有何趣味？"如果继续像以前那样富有建设性地谈论真问题，如全国会议、息兵、宪法，则又会令外人误解，无异于"为盗贼上条陈"。

北洋政府的信誉已经跌到了谷底，即使乐观如胡适也不愿开口说话了，不如索性关门大吉。就在写这封信的月底，1923年10月31日，《努力》周报自己关门了。

胡适在最后一期说："在这个猪仔世界里，民众固不用谈起，组织也不可靠……我们还应该向国民思想上多做一番功夫，然后可以谈政（治）的改革。"

有意思的是，1922年经中日谈判，日本放弃了在山东的权利。因为胡适的"这一周"为外交总长王正廷说过一些话，北洋政府决定授予胡适"三等嘉禾章"，但被胡适拒绝。他在《努力》上刊登了一条启事："我是根本反对勋章勋位的；如果这个胡适真是我，还请政府收回去吧。"

"好人当政"与"跪着造反"

既然是谈政治，自然要谈得实际一点。《努力》周报在第二期就刊发了蔡元培、胡适等十六人签名的《我们的政治主张》。这是努力社及其朋友们的政治纲领。他们把自己的政治主张归结为："我们以为国内的优秀分子……现在都应该平心降格地公认'好政府'一个目标，作为现在改革中国政治的最低限度的要求。"具体而言是，要有一个"宪政的政府"、一个"公开的政府"和一种"有计划的政治"。

胡适认为，改革政治，不一定要革命，不如先让"好人"进入政府，加入体制，通过个人的努力，一点一滴改良。这可以作为改革的第一步，一个最低的要求。

"好政府主义"，原是胡适酝酿多时的一种政治主张。"好政府"的反义词不是"坏政府"而是"无政府"。早在 1921 年 6 月，一位安徽的政客来拜望，谈话间，胡适便提出"好政府主义"这个名词了。他说："现在的少年人把无政府主义看作一种时髦的东西，这是大错的。我们现在绝不可乱谈无政府主义；我们应谈有政府主义，应谈好政府主义！"

"五四"之后，无政府主义对于渴望自由与个性解放的青年具有极大的吸引力。反对封建大家庭的文学青年李尧棠给自己取笔名为巴金，就是源于无政府主义的思想家巴枯宁和克鲁泡特金。

1921年夏天，胡适到苏州、南京、安庆等地讲演。8月5日，在安庆第一中学首次公开讲"好政府主义"。谈到好政府主义实行的条件时，他说："要一班'好人'都结合起来，为这个目标（好政府）做积极的奋斗。好人不出头，坏人背了世界走！"1922年《努力》周报创刊伊始，胡适就把自己"好政府"的想法写了出来。为扩大影响，胡适便约了努力社的成员在蔡元培家讨论，最后以一个共同宣言的方式发表，随后全国各大报纸都进行了转载。

这个纲领体现着胡适这些知识分子的一贯观点。一年之前，胡适、蒋梦麟、李大钊和高一涵等七人联名发表了《争自由的宣言》："我们相信人类自由的历史没有一国不是人民费去一滴一滴的血汗换得来的……有几种基本的最小限度的自由，是人民和社会生存的命脉。"他们提出争自由的三大主张：言论、出版、集会结社和书信秘密的自由，人民身体的自由，以及对选举舞弊进行监督和查处。

20世纪20年代初，第一次世界大战的硝烟刚刚散去，经济危机接踵而至，贫富分化加剧，十月的炮声和"劳工神圣"的呼喊震撼全球。自由主义及民主宪政的合理性开始受到怀疑和挑战。自由，甚至被认为是一项有阶级属性的权利，只能被一部分人享有。

四先生合影：蒋梦麟、蔡元培、胡适、李大钊

启蒙大师梁启超 1920 年欧游归来，心灵被欧战的后果所震慑。他将《解放与改造》半月刊改名为《改造》，在发刊词中说："确信代议制和政党政治断不适用，非打破不可。"

胡适的老朋友陈独秀开始用阶级观点去界定政治形式。他认为自由是有差别和区分的，"不要将可宝贵的自由滥给资本阶级"，"什么民主政治，什么代议政治，都是些资本家为自己阶级设立的，与劳动阶级无关"。陈独秀认定，"国民革命……也就是打倒外国帝国主义和国内半封建势力这两个意义"。

陈独秀列出了应予打倒的"半封建派"的名单：既包括地主土豪、奉直军阀，也包括梁启超的研究系、"老民党"、"复辟派及新社会民主派"、"大学教授"以及"各种宗教徒"等共十三种人。他们的自由都应该受限制甚至被剥夺。

1924 年国民党"一大"召开，"宣言"中"确定人民有集会、结社、言论、出版、居住、信仰之完全自由权"，但又规定"凡真正反对帝国主义之个人及团体"方能享有这些权利。于是，只要国民党认定谁不属这个范围，其公民应有的基本自由就被勾销了。

在这种思想潮流中，胡适和努力社依旧坚定不移地把自由、法治、宪政看作无可代替的社会运行机制。他们认为改变政府的第一步，恰恰就是由自由主义知识分子——所谓"好人"——出来组织内阁，在体制内把事情先做起来，再慢慢做好，而不是另起炉灶。

胡适他们的纲领一发表，就引发了一场热烈讨论。最激烈的批评来自革命的倡导者，因为这种初级改良的方式，与改天换日的革命逻辑冲突。已身在南方的陈独秀给李大钊写信说，把解决中国问题的出路放在"好人"当政上，实在是"跪着造反"，不触动封建军阀政权，进行软弱的改良，无疑是书生们的一厢情愿。周恩来认为："他（胡适）所打的图样是要在破漏将倾的房子上添补丁，添那不可能的补丁，这不但徒劳无功，且更阻止革命的发展。"

归根到底，争论的焦点在于革命还是改良。革命者认为，中国这座房子的结构已经彻底腐朽了，非要拆掉重盖不可，加固房梁反而延长它的寿命。而胡适认为："可改良的，不妨先从改良下手，一点一滴地改良它。太坏了不能改良的，或是恶势力偏不容纳这种一点一滴的改良的，那就有取革命手段的必要了。"

于是对胡适而言，"好政府"纲领的意义，不在手段，而在其描绘出一个现代社会制度的基本框架。革命也罢，改良也罢，胡适认为，问题的关键在于要建立一个怎样的社会管理机构（政府）和社会运行机制。

然而，现实却让胡适失望。

1922年9月，由于军阀派系的矛盾，吴佩孚等支持王宠惠出来组织内阁，署理国务总理，罗文干任财政总长，汤尔和任教育总长。他们三人都曾在《我们的政治主张》上签名。因此，这届内阁被人称为"好人政府"。但这个"好人政府"只存续了七十三天，"好人"有名而无实权，成为军阀之间斗法的工具，罗文干甚至被逮捕。

　　一年之后，"好人"教育总长汤尔和甚至感到被胡适"忽悠"了，劝他不要再谈政治了："从前我读了你们的时评，也未尝不觉得有点道理，及至我到了政府里面去看看，原来全不是那么一回事！你们说的话，几乎没有一句搔着痒处的。你们谈的是一个世界，我们走的又是另一个世界！"

　　胡适的回答很简单："但我们总想把这两个世界拉拢一点，事实逐渐与理论接近一点。这是舆论家的信仰，也可以说是舆论家的宗教。"

"最不名誉的事"

　　1922年5月，末代皇帝溥仪从故宫里给胡适家打了个电话，约他进宫去谈谈。此时，17岁的溥仪不仅已经读了胡适的《尝试集》，也读了他的《胡适文存》，很想见见这位年轻的洋博士与新派思想领袖。因为时间不凑巧，见面的时间推到了5月30日。

　　为了谨慎起见，胡适先去拜访了溥仪的老师庄士敦。庄告诉胡适："宣统近来颇能独立，自行其意，不受一班老太婆（按：指皇太后）的牵制。前次他把辫子剪去，即是一例。上星期他的先生陈宝琛病重，他要去看他，宫中人劝阻他，他不听，竟雇汽车去看他一次，这也是一例。"

　　5月30日，溥仪派了一个太监去接胡适。那时宫禁仍相当严格，胡适他们在神武门前下车，在护兵督察处的客室坐了一会儿，等与宫里通了电话，才得进宫。那天见宣统的情形，胡适的日记里写得很详细。

胡适进了养心殿的东厢，溥仪站起来迎接。胡适鞠了个躬，称他"皇上"，溥仪称他为"先生"。溥仪的样子看起来很清秀，穿蓝袍子、玄色背心。"皇上"特意和"先生"说："我们做错了许多事，到这个地位，还要靡费民国许多钱，我心里很不安。我本想谋独立生活，故曾要办皇室财产清理处。但许多老辈的人反对我，因为我一独立，他们就没有依靠了。"还说起想出国留学，也有许多新书找不到。胡适答应可以帮他找书。

会面的过程很短，只有二十分钟就结束了，但这件事在宫内宫外都引起一阵风波。溥仪在《我的前半生》中说，宫里的王公大臣们听说皇上私自见了胡适这个"新人物"，便"像炸了油锅似的背地吵闹起来了"。而京中各报也都将之当作新闻刊载，还登出"胡适请求免拜跪""胡适为帝者师"等传闻，闹得满城风雨。

胡适不得不写一篇《宣统与胡适》做答辩。文中介绍了他们见面的经过，也谈到了他对溥仪的同情："清宫里这一位十七岁的少年，处的境地是很寂寞、很可怜的，他在这寂寞之中，想寻一个比较也可算得是一个少年的人来谈谈，这也是人情上很平常的一件事。"在他看来，之所以被拿出来"炒作"，恰恰是人们头脑中的帝王思想在作祟。

20世纪80年代，电视连续剧《末代皇帝》上映。"先生"

见"皇上"的桥段又被后世丑化了一番，三十一岁的胡适被塑造为一个比陈宝琛还要衰朽的老头，阿谀谄媚，一口一个"皇上"。

1924年10月，冯玉祥率国民军发动北京政变，解散"猪仔国会"，软禁了贿选总统曹锟，由黄郛代行国务总理，组成摄政内阁。11月5日，内阁强行修正了清室优待条件。民国政府派鹿钟麟等去没收清宫，永远废除皇帝尊号，并把溥仪的小朝廷赶出紫禁城，限当天全部搬出。

胡适当天晚上知道了这件事情，便立即给摄政内阁外长王正廷写了一封抗议信。胡适本身反对保存帝号，也反对浪费国家财政优待清室，但是他更反对撕毁约定，反对不守信义和恃强凌弱。

他在信中说："先生知道我是一个爱说公道话的人，今天我要向先生们组织的政府提出几句抗议的话。今日下午外间纷纷传说冯军包围清宫，逐去清帝，我初不信，后来打听，才知道是真事。我是不赞成清室保存帝号的，但清室的优待乃是一种国际的信义、条约的关系。条约可以修正，可以废止，但堂堂的民国，欺人之弱，乘人之丧，以强暴行之，这真是民国史上的一件最不名誉的事。"

胡适终生倡导法治，强调程序正义。在清帝的问题上，胡适反对以目的正义的旗号去侵犯程序正义，尤其是国家机器以某种理由去侵犯个人的利益。

这封信最初登载在《晨报》上，随后又被中外各报所刊载，舆论一片哗然，对胡适的攻击如雪片而至。冒天下之大不韪为清廷辩护成为他的历史污点。他在北大的朋友们对他也指责颇多。

周作人对胡适说："从我们秀才似的迂阔的头脑去判断，或者可以说，不甚合于'仁义'，不是绅士的行为。但以经过二十年拖辫子的痛苦的生活，受过革命及复辟的恐怖经验的个人眼光来看，我觉得，这乃是极自然、极正当的事。"

1925 年，养心殿清查文件，找到了一批大臣密谋复辟的文件，其中有一份是给溥仪举荐人才，其中有梁启超、蔡元培和胡适。因为梁与蔡没有在逼宫时出言反对，所以没有被攻击，但胡适这顶复辟的帽子就被戴上了，再度成为众矢之的。当时北京有一个"反清大同盟"的组织，在 8 月 25 日的报纸上呼吁，把胡适驱逐出京；温和一些的，则希望胡适"痛改前非"，恢复思想文化界领袖的"当年风采"。

胡适在给北大教授李书华、李宗桐的信中说："在一个民国里，我偶然说两句不中听也不时髦的话，并不算是替中华民国丢脸出丑。等到没有人敢说这话时，你们再懊悔就太迟了。"

对于溥仪与清室的态度，胡适付出巨大的声望代价，别人硬把他和支持复辟联系起来。溥仪出宫后，清室善后委员会进入，随后成立了故宫博物院。主持工作的是有国民党背景的易培基。胡适晚年回忆说，易培基一班人进宫后，"开始寻找我的'劣迹'，说我私通宣统"。结果找到了他给宣统的一张片子，上面写着"我今天上午有课，不能进宫，乞恕"。

这个"罪证"被镶入了镜框，作为展览品挂了起来。胡适专门到故宫里去看过，问能不能拍张照片留念，但没有被允许。

"悖主"与"善后"

1922 年 6 月，陈炯明所部粤军围攻广州孙中山的总统府。胡适在《努力》上撰文却站在了陈炯明的一边。胡适是个和平主义者，反对武装统一，他更支持联省自治与南北和谈。陈炯明主张广东自治，造成一个模范的新广东；而孙中山主张用广东作根据地，武力统一中国。所以，孙陈之争，胡适自然偏向陈。

此前，胡适和孙中山有过一段很好的交往。孙中山"护法"失败后曾蜗居上海，潜心作思想文化和认识心理的研究，同时办了一本《建设》杂志，宣传国民党的国家建设原理。其时，胡适正借助新文化运动"暴得大名"，如日中天。

孙中山通过廖仲恺将他的《孙文学说》寄给胡适，希望能在《新青年》或《每周评论》上发一篇书评，向思想舆论界推荐。于是，胡适在《每周评论》第 31 号上写了文章，介绍了孙中山的"知难行易"，并且称赞"中山先生是一个实行家"。后来，孙中山的《发展中国实业计划》也被胡适大赞为"远大的计划"。从胡适的角度看，一个研究问题的孙中山比一个高喊革命的孙中山更符合他的价值标准。

廖仲恺在致胡适的信中转达说："中山先生在《每周评论》上读尊著对他学说的批评，以为在北京地方得这种精神上的响应，将来这书在中国若有影响，就是先生的力量。"

而到了 1922 年，和平主义者胡适反对倡导武力与革命的孙中山，其前后逻辑并无错位。

孙、陈冲突后，孙中山的追随者攻击陈炯明"悖主""叛逆"和"犯上"。胡适则写文章说："在一个共和的国家里，什么叫作悖主？什么叫作犯上？"胡适认为，即使陈炯明的做法有问题，但也不该抬出"悖主""犯上"和"叛逆"作为理由，这些都是"旧道德的死尸"。

胡适认为国民党还没有摆脱帮会性质，还在用对领袖的效忠、偶像崇拜而不是理念认同来维持组织。他认为现代的政党，是人们自愿信仰的结合，"合则留、不合则散本是常事"，根本就谈不上"背叛""悖主"和"犯上"。

这些言论发表后，遭到国民党报纸长时期的猛烈攻击。《民国日报》的著名副刊《觉悟》，接连发表《不赞成〈努力〉周刊记者的谈话》《荒谬绝伦的胡适》《叛逆与革命》《胡适的伦理》等一系列文章。

孙中山对于胡适的态度也反转了 180 度。两年后的 1924 年 8 月，《民国日报》刊载孙中山的《民权主义》第一讲，编者也在同版刊出短文《少谈主义》，并引有胡适"多研究问题，少谈主义"的文字。孙中山看了十分气愤，在报纸上批注："编者与记者之无常识，一至于此！殊属可叹……且引胡适之之言，岂不知胡即为辩护陈炯明之人耶？胡谓陈之变乱为革命。"随后，这个撞上枪口的记者就被孙中山勒令开除了。

　　1924年底，冯玉祥倾向革命，电请孙中山北上，商讨国是并主持解决时局问题。11月，孙中山离开广州，经上海赴北京，并发表了《北上宣言》，提出召开"国民会议"，以解决中国的统一和建设问题。但这时上台的段祺瑞，却提出召集"善后会议"的主张，与孙中山主张的国民会议相对抗。

　　胡适接到了段祺瑞的邀请函。许多朋友都劝胡适慎重考虑，不要参与，免得自损声誉。汤尔和致信说："善后会议……现在到京代表，谁不是牛头马面？会议如果开成，必系一批护兵马弁，左携鸦片烟具，右携姘头而上会场。以兄之翩翩，如何能与此辈并坐？"而民间舆论也都认为"善后会议"不过是军阀的"分赃会"。

　　当时，胡适与国民党在关于中国政局的政治见解上有明显的分歧。国民党主张武装革命，统一中国，反对联省自治；而胡适认为应召开各省会议，谋求南北和平统一，并赞成联省自治。他认为应该通过扩大省议会的权力，使之成为制裁军阀的基本制度，省议会自然要维护本省民众的利益，从而反对军阀穷兵黩武，这才是解决军阀混战的方法。

　　胡适犹豫良久还是决定参加"善后会议"。1925年1月17日，胡适在当天的日记中写道："我是不怕人骂的。我此次加入善后会议，一为自己素来主张与此稍接近，二不愿学时髦人谈国民会议，三为看不过一班人的轻薄论调。"他回电汤尔和说："我是两年来主张开和平会议的一个人，至今还相信，会议式的研究时局解决法总比武装对打好一点，所以我这回对于善后会议虽然有许多怀疑之点，却也愿意试他一试。"

胡适的主张也遭到了共产党的反对。陈独秀认为联省自治"不啻明目张胆提倡武人割据，替武人割据现状加上一层宪法保障。武人割据是中国的第一乱源"。

在陈独秀和当时的共产党看来，当前各派军阀背后都有不同国家的帝国主义撑腰，英、美、日、法帝国主义的目标是相同的，就是通过扶持军阀作为代理人，不希望让中国稳定，不让中国产生一个统一的政府。

而胡适根本不认为"帝国主义"是中国的首要矛盾，"外国投资者的希望中国和平统一，实在不下于中国人民的希望和平与统一"。

胡适认为关键问题在实现民主主义的目标，推翻了政客军阀的政权，赶走"武人奸人"，将中国政治改造好了，国际帝国主义侵略不打自垮，不推自倒。而中国核心问题在于内政，在于能否建立起一个真正的民主政权。胡适说，"四分五裂的中国，破产的财政，疯狂秽污的政治，九个月换五个外交总长的外交，秽德彰闻的国会"，是没有外交可言的，这同时也是"外交失败的大原因"。

如果说"战争"与"和平"都可以是实现国家统一与民族独立的手段，那么显然"和平"的方式需要更多的条件。这也就是胡适后来多次表达的"和比战难"。

此时的胡适，仿佛又站在了时代的背面。他和"牛头马面"的旧官僚、军阀遗老们显然不是一个立场，但又滑稽地坐在了一起，而且认真地去推动他的理想。

一个乌烟瘴气的会议，据胡适的学生陈彬和记述："选了复辟党健将做会长；国家财政穷乏如此，会员尚领六百元酬金；等于零的议案，提出来凑热闹；还有一辈犬马遗老党运动恢复清室优待条件。"陈彬和劝胡适"消极的退出，不必再试了"。胡适终于退场。

统一当然是值得追求的目标，但要在怎样的基础上统一？胡适在 20 世纪 20 年代的努力没有被历史选择。对胡适而言，走在"歧路"上，就不能太在意羽毛了，这也是谈政治的必然代价。自新文化运动以来，胡适的声望指数下降到最低点。北大一院的厕所墙上甚至涂上了学生的咒骂——"卖身于段贼""拥戴段祺瑞为父"。

除了支持"复辟"外，胡适又多了一个罪名——"与军阀同流合污"。

"掉下来"的导师

1925 年，对胡适来说非常艰难。年初因参加善后会议而惹来骂名，上海学生联合会给胡适写信，历数胡适拥护复辟余孽，摧残全国教育，蔑视学生人格等"罪"。3 月，他六岁的女儿胡素斐因肺炎延误成肺结核，以致夭折。

5 月，鲁迅看不惯胡适"误导"青年，写了《导师》一文发在《莽原》上，矛头指向胡适。"青年又何须寻那挂着金字招牌的导师呢？不如寻朋友，联合起来，同向着似乎可以生存的方向走。"文章最后，鲁迅忍不住大喝一声："寻什么乌烟瘴气的'鸟导师'。"

那个喊着"争个人的自由，就是争国家的自由"的青年偶像，突然间就变成了"鸟导师"。

"五卅惨案"发生后，上海市民总动员，开始罢课、罢工、罢市，并且迅速向全国扩散，形成了全国性的反帝运动。胡适也与罗文干联名上书北洋政府，提出惩凶、赔偿、道歉、废除会审公廨及"修改八十年来一切条约"等交涉条件，以消除"将来之隐患"，"根本免除将来之冲突"。胡适希望理性看待这一事件，先用法律途径解决，然后通过政治与外交废除不平等条约。

由于当时英国公使想和北京学生界对话，胡适受欧美同学会所托，介绍北大学生会的学生和驻京英国公使见面。消息见报后，舆论指责胡适与英国人"勾结"。

6月，胡适第一次承认自己的"不合时宜"。他在中国少年卫国团做的演讲中，为主张法律解决问题的梁启超说话，其实也是在为自己辩护。他说："听说有人在执政府提议要把梁任公先生驱逐出国境，我觉得这不大好。我们不是要求有真正的自由吗？真正的自由精神在哪里？出版有自由，言论有自由。一个人只要他有种意见，在他自己总有发表出来的权利，在我们总不能禁止别人发言。意见对不对又是一个问题，就算不对也尽有商量讨论的余地，何至于就说不爱国了呢？"

　　胡适感到"不宽容的空气"越来越浓厚，让他越发感到窒息。

　　这一年的 11 月，胡适在上海和老朋友陈独秀发生了一次激烈的冲突。两人在老朋友汪原放的亚东图书馆见面。据汪原放回忆，两人起初都很高兴，但谈着谈着便吵了起来。先是听到陈独秀质问胡适："适之，你连帝国主义都不承认吗？"胡适很生气地说："仲甫，哪有帝国主义？哪有帝国主义？"然后还拿手杖在地板上猛敲了几下。两人便不欢而散。

　　胡适自小被称作"糜先生"，性格温和，总是笑容可掬，这是少有的情绪失控的场面。

　　事实上，胡适并非不承认"帝国主义"，他只是认为"帝国主义"不是中国的真问题。他认为中国的统一问题，以至一切问题的解决，必须从国家内部做起，寄希望于国人的反省和自觉，先进行政治的改造，不赞成只是怨天尤人，把一切罪过都"推到洋鬼子身上"。他也同意"反抗国际帝国主义的侵略"，但认为其应该包括在民主主义的革命之内，"民主主义的革命成功之后，政治上了轨道，国际帝国主义的侵略已有一大部分可以自然解除了"，所以"政治的改造是抵抗帝国侵略主义的先决问题"。

　　在胡适的排序中，民主革命优先于民族革命。

　　而 20 世纪 20 年代恰恰是一个反帝、反封建情绪高涨的时期。1925 年，"五卅惨案"激荡起了罢工罢市的高潮，席卷全国。当时正在第一次合作的国共两党联手推进"国民革命"，其首要任务就是针对帝国主义。1923年，共产国际给中国共产党第三次代表大会发出指示，其中第三条就是：中国的中心任务就是进行反对帝国主义及其国内封建走狗的国民革命。

对当时占据主流地位的时代精神，胡适是游离于其外的，他坚持自己的解释系统。于是，胡适又被攻击为帝国主义的走狗、买办和洋奴。

此时的胡适不仅和近代民族主义本身产生了冲突，也和正处于急速上升期的政治团体——国民党与共产党——都发生了激烈的思想与政治主张的冲突。胡适一直希望以一种超党派的，不依赖于任何政治集团、群体组织的姿态，去发表自由独立的言论，但显然，这个超党派的空间并不大。

20世纪20年代，胡适开始失去学生的支持。

一位1922年考进北大预科班的学生几十年后回忆说："入学考试的国文题目是《救国莫忘读书》。这个题目是胡适出的，反映了他那时所倡导的要使青年学生脱离爱国运动、埋头读书、不问政治的反'五四'精神的思想……文化败类、帝国主义的走卒兼政客胡适，逢迎曹、吴意旨，高唱'好人政府主义''多谈问题，少谈主义''学生应多读书，少搞运动'等谬论。入学考试的国文题就是对新来北京应试的青年的当头一棒，企图使他们在思想上先有一个深刻的印象，就是，在入学之后，必须做一个读死书、不问世事的规矩学生，和革命运动绝缘。"

北大一些学生，比如郑振夏、董秋芳等致信胡适："你们没有明白告诉我们的——还是取革命手段呢，还是取改良手段呢，还是先破坏后建设呢，还是在恶基础上建筑'好政府'呢？"

后来，董秋芳还专门去胡适家请教这个问题。据董秋芳在后来致胡适信中的自述，他们"在先生家里谈起，先生便郑重地说：你们要放手枪炸弹，去放就得了"。显然，胡适的话不是支持而是讽刺。本来董秋芳们还"以为先生是打破恶势力的急先锋"，然而，胡适让登门的他们失望了。

董在信中说："已经'从百尺竿头掉下来'的胡先生呵，如果你再愿意牺牲'新文化运动'的荣衔，去参加少数人宰割全体民众的善后会议，恐怕一试之后，便不容你再试了。"

这一年，胡适应邀到武汉武昌大学讲演，一路被学生骂过来。他在《南行日记》中记录了一些来自学生的攻击，比如："胡先生遇事处处怀疑的态度去尝试，是说：'无论那一件事是好是歹，是杀人放火，是降志辱身，我都是尝试的，并不负什么责任。'胡先生，你的乖巧，比那八大胡同的名妓还要可爱，不过你的姘头已经很多了，味已尝够了，你那清信人招牌下了吧！江汉不少的游女，你不来好了。"在学生们看来："他思想的进步也就止于此了，就不能与时代俱进了。因其不能与时代俱进，所以做出一些七颠八倒的事来……"

到了年底，国民党在北京策划了带有"首都革命"性质的大游行，游行中焚毁了对苏俄革命有所非议的《晨报》。

当时胡适和陈独秀都在上海，对这件事的看法完全两样。陈独秀认为"该烧"，并问胡适："你以为《晨报》不该烧吗？"胡适对于陈独秀这个问题思考了很久，写了一封长信。从目前的

1927 年 6 月 9 日，北伐期间，上海，英国士兵在苏州河边公共租界的街垒中站岗，河对岸是中国居民区

资料看，这应该是胡适给陈独秀的最后一封信。

胡适说："几十个暴动分子围烧一个报馆，这并不奇怪。但你是一个政党的负责领袖，对此事不以为非，而以为'该'，这是使我很诧怪的态度。"胡适认为，不管《晨报》如何，都不应该有被那些以争自由为旗号的民众烧毁的理由。

胡适悲叹道，"这几年来不容忍的空气充满了国中"，而最不容人的那些人恰恰就是"一班自名为最新人物的人"。"我是不会怕这种诋骂的，但我实在有点悲观。我怕的是这种不容忍的风气造成之后，这个社会要变成一个更残忍、更残酷的社会，我们爱自由、争自由的人怕没有立足容身之地了。"

半年之后，胡适住在天津的旅馆中无意间翻看鲁迅的《热风》，大都是《新青年》时期写的文章，感慨万千，竟一夜不能好睡。第二天，他给周作人、陈源以及封他为"鸟导师"的鲁迅写了一封信。此时这三位朋友正在为女师大的学潮打着"对骂的笔战"。胡适说，大家不妨再看看《热风》里"学学大海"的那段文章，"让我们都学学大海"，消除误解和猜嫌，都向上走，都朝前走。

又两个月后，胡适辞去了北大的教职，随"中英庚款顾问委员会"前往欧美访问了，暂时离开了舆论的中心。

批评者的跌宕起伏

在《人权论集》的序中，胡适把自己比喻成一只鹦鹉——山中起了大火，鹦鹉以羽毛沾水，往返灭火。

"被革命压死了"

胡适出国十个月，国内已然换了天地。北伐成功在望，国共两党分裂。北洋军阀虽然倒台，但国民党的一党专政却建立起来。

北京被改名为北平，有人提议南京改名为"中京"，还有人提议"故宫博物院"应改作"废故宫博物院"，"孙文"的名字很少用了，"忠实同志"都应该尊称他为"先总理"。口号满天飞，标语满墙贴。连国民党宣传部长胡汉民都写信给胡适说："当着整万人的演说场，除却不断不续喊出的许多口号之外，想讲几句有条理较为仔细的话，恐怕也没有人要听吧。"

国民党修中山陵，胡适也认为太过浪费。他在日记中写道："墓的建筑太贵，实不美观，若修路直到墓前，除去那四百处石筑，即便游观，也可省不少的费。"他甚至认为，中山陵现在不该修："此墓修得太早，若留待五十年或百年后人追思而重建，岂不更好？今乃倾一时的财力，作此无谓之奢侈，空使中山蒙恶名于后世而已。"

这个时期，胡适在日记中保留了很多简报。他在1928年5月16日的日记中写道："上海的报纸都死了，被革命压死了。"

国民党执政后实行训政，事实上只学到了"一党专政"的一点外形，但党部之人携"革命"之名四处横行。在上海，胡适最感吃惊的是国民党宣传的泛滥。宣传成了"极重要极有魔力"的大事业，他感到非常反感。

胡适后来写了一篇《名教》的文章批判标语之泛滥，墙上贴一张"国民政府是为全民谋幸福的政府"，正等于在门上写一条"姜太公在此"一样——"同为废纸而已"。

实际上回国前，朋友们给他写信，劝他先不要回来，尤其不要回北平。

他的学生顾颉刚在信中说："我以十年来追随的资格，挚劝先生一句话：万勿回北平去。现在的北平内阁，先生的熟人甚多，在这国民革命的时候，他们为张作霖办事，明白是反革命。先生一到北平去，他们未必不拉拢，民众是不懂宽容的，或将因为他们而累及先生。""万勿回北平去"下面还密密地画了圈。

胡适在两三年前，已经因陈炯明事件的言论与参加善后会议而得罪国民党，他又喜欢发表意见，如果管不住嘴巴，反招来横祸。顾颉刚甚至劝胡适"最好加入国民党"，政治上顺从他们，把精力放在做学问上。

胡适就在日本停留了三个星期，看了各种报纸，最后还是决定回上海。他在旅欧期间已经公开表态，支持国民党北伐，认为这是中国政治的一大转机，要使中国现代化必须打倒军阀。他对英国留学生沈伯刚说，他原来是反对武力革命的，但革命既然来了，便当助其早日完成，减少生命与财产损失，尽早开始建设。中国急需一个现代化的政府，在胡适看来，国民党总比北洋军阀更有现代知识。

1927年5月20日胡适回到上海，直到三年半之后才离开，重回北平。他自己说："此三年半中，不算是草草地过去。"在他去世前所写的《淮南王书·序》的残稿中，胡适特意提到，这是他生命中最闲暇的一段时光。他写了约一百万字的稿子，其中有约三十一万字的《白话文学史》（上），还有十几万字的中国佛教史研究，以及十七八万字的《中古思想史长编》。更重要的是，在政治上这是值得大书特书的关键时期。

那时的北洋政府，已是风雨飘摇，财源早已枯竭。北平各大学连薪金也发不出来，文化人的生活不好过。政治压迫更一天天加重，大批文化人便纷纷南下逃荒避难，或则寻求新的栖身之所。原来新月社和《现代评论》的一班人马也纷纷南下，徐志摩、闻一多、梁实秋、饶孟侃、余上沅、丁西林、叶公超及潘光旦、邵洵美等新老社员，都先后会聚于上海。

胡适回国后不久，新月社的人们便联络商议，由大家招股集资，筹办一个新月书店。他们推胡适为董事长，张禹九任经理。于是，6月30日的《申报》上登出了一则广告："新月书店开张启事，本店设在上海华龙路法国公园附近麦赛而蒂罗路159号，定于7月1号正式开张，略备茶点，欢迎各界参观，尚希贲临赐教为盼。"

新月书店的开办，以徐志摩关系多、人事熟，因而出力也最多。胡适只有一百块钱的股本，却挂着董事长的名义，更不好意思不尽股东的义务。他便答应把《白话文学史》修改出来，给新月书店出版。同时，新月社又办起了《新月》月刊。这本来是一本以文艺为主的杂志，鼓吹"为艺术的艺术"，与当时的左翼文学并立，但结果从1929年第二号开始就大谈政治了，掀起了一场"人权"风潮。

1928年3月，胡适当年的母校——上海吴淞的中国公学发生学潮，至4月底尚未解决。校长何鲁辞职后，校董会推胡适继任，希望他能出面维持，平息风潮。胡适慨然允诺，于4月30日就任中公校长。

此时的胡适，重新恢复了"教师""学者""舆论家"三位一体的角色。他在"月月有纪念，周周做纪念周，墙上处处是标语，人人嘴上有的是口号"的上海，开始了一段"大书特书"的生活。

"胡适系反党"

1928年底，胡适写了一篇《新年的好梦》，这是蒋介石全国执政的第一年。他梦想来年全国和平，因而可以裁军，将军费减去大半；他梦想苛捐杂税完全取消；梦想铁路收归国有，鸦片之祸永绝中国；梦想有一点点言论自由，偶尔能给当政者指点一下错误。

鲁迅后来也写了一篇《听说梦》，唱唱反调。鲁迅说："虽然梦'大家有饭吃'者有人，梦'大同世界'者有人，而很少有人梦见建设这样的社会以前的阶级斗争，白色恐怖、轰炸、虐杀、鼻子里灌辣椒水、电刑……倘不梦见这些，好社会是不会来的，无论怎么写得光明，终究是一个梦，空头的梦，说了出来，也无非教人都进这空头的梦境里面去。"

两相比较，鲁迅说的，基本都发生了；而胡适的，则基本落空。

1928 年 10 月 10 日，国民党宣布开始进入训政时期。所谓"训政"，即一切权力归国民党，并且形成了一个口号——"以党治国"，就是把国家政权托付给国民党的最高机关来管理；并且，最高监督的权力"仍属之于中国国民党"。按照训政理论，国民党之所以握重权，是为了训导人民如何使用政权，为宪政打下基础；而且，必要时国民党有权限制"人民之集会、结社、言论、出版等自由权"。国民党训政的实质在于搞"党治"，即"以党治国"，"党在国上"，"党权高于一切"。

1929 年 3 月，国民党上海特别市党部主任和宣传部部长陈德徵，提出一个"严厉处置反革命分子案"。提案认为以前对"反革命分子"的定性与处置太拘泥于法律，过于烦琐，法院受限于证据，倒使很多"反革命分子"逍遥法外。所以，陈德徵提出，"凡经省党部及特别党部书面证明为反革命分子者，法院或其他法定之受理机关应以反革命罪处分之"。也就是说，只要国民党说谁是反革命分子，谁就是反革命分子。法院对于此类案子，不须审问，只凭党组织一纸证明，便须定罪处刑。

胡适在4月1日的日记中批道："可怜陈德徵"，"生平只知有三民主义，只知总理及其遗教，只知有党，终以为党是制法的机关"。1929年4月，国民党政府颁布了一道保障人权的命令，声称："无论个人或团体均不得以非法行为侵害他人身体、自由及财产。"政府与党的权力滥用并没有被提及和限制。

于是胡适写了那篇著名的《人权与约法》，挑起了一场人权运动。

胡适认为："今日我们最感觉痛苦的是种种政府机关或假借政府与党部的机关侵害人民的身体、自由及财产。"自由之危害，正来自政府。所以，胡适呼吁制定宪法，最低限度也要制定训政时期的临时约法，以约束国民党政府。这与国民党政府制定法律以约束人民的自由正好相反。

两个月后，在当年《新月》的第四号上，胡适又写了一篇《我们什么时候才可有宪法》，不仅再次呼吁制定宪法而非约法，而且把反训政的锋芒直指孙中山。因为训政思想本来就来自孙中山。他的本意是，于宪政之前，先行训政，由政府训导人民，以培养人民民主能力，由此才有国民党在训政时期的集权论——厉行党治，扶植民权。然而胡适认为孙中山错了，"根本大错误在于误认宪法不能与训政同时并立"。

更重要的是，胡适提出党国的衮衮诸公尤其要有宪法的训练，使他们不得侵犯人民的权利——这才是民主政治的训练。

"人民需要'入塾读书'，然而蒋介石先生、冯玉祥先生，以至许多长衫同志和小同志，生平不曾梦见共和政体是什么样子的，也不可不早日'入塾读书'吧！"接下来，胡适又发表《知难，行亦不易》一文。

孙中山在他的遗嘱中曾经要求："务须依照余所著《建国方略》《建国大纲》《三民主义》及《第一次全国代表大会宣言》继续努力，以求贯彻。"国民党第三次全国代表大会更将《建国大纲》及军政、训政、宪政三大程序宣布为"中华民国不可逾越的宪典"。胡适对《建国大纲》提出质疑，不仅是对孙中山思想的批评，也是对国民党第三次全国代表大会的决议和南京国民政府既定国策的批评。

但胡适并不惧怕。1929 年底，他干脆把这些发表在《新月》上的"反动"文章（包括罗隆基和梁实秋的）辑为一集，命为《人权论集》。在其《序言》中，胡适坦然地说："上帝我们尚可以批评，何况国民党与孙中山？"

随后，胡适又把矛头对准了"言论自由"和"党化教育"。他在《新文化运动与国民党》一文中宣告："从新文化运动的立场看来，国民党是反动的"，国民党的中央宣传部长"是一个反动分子，他所代表的思想是反动的思想"。

胡适对于大学里推行党化教育持强烈的反对态度。他给蔡元培写信说："我虽没有党派，却不能不分是非。"从根本立场上，胡适反对国民党的"党化教育"及以"训政"为名义实施的政治专制。他在一些政治含义相当明确的举措上也毫不让步妥协。在他当校长的中国公学内，坚持不挂国民党旗，不做总理纪念周。批驳"孙文哲学"的《知难，行亦不易》，便是首先在中国公学的学术刊物《吴淞月刊》上发表的。

胡适的言论在自由知识分子中引起了震动。著名实业家张謇的儿子张孝若写信给胡适说："我肚皮里，也有一类感想的文字好写，然而一想，我比不得你，你是金刚，不怕小鬼，我是烂泥菩萨，经不起他们的敲，还是摆在肚里吧。"

在 1930 年 9 月 3 日的日记中，胡适写道："民国十一年，我们发表了一个政治主张，要一个'好政府'。现在——民国十九年——如果我再发表一个政治主张，我愿再让一步，把'好'字去了，只有一个'政府'。"在胡适眼中，此时的国民政府连政府资格都达不到。

上海的《民国日报》《光报》《时事新报》《大公报》《觉悟》《星期评论》等许多报纸都刊文批判胡适。在国民党党报驳斥胡适的文章中，以《有人权才能训政吗》一文最有代表性。文中写道："中国国民党的专政，本身毫无掩饰的，我们的口号'以党治国，以党建国，以党专政'，毫无疑义地宣布出来。因为中国国民党负了领导中国国民革命的责任，当然要尽这个责任而完成其使命。"

上海市第三区党部率先发难，呈请将中国公学校长胡适"撤职惩处"；接着又有上海、青岛、天津、北平、江苏、南京等几个省市的党部，呈请政府"严予惩办"；国民党中央常会、中央执行委员会、国民政府、行政院，层层发公文训令，最后由教育部出面警告胡适。蒋介石也亲自在 1929 年 10 月 10 日，也就是辛亥革命十八周年纪念会上，特别警告"秽言乱政"的后果。

在 1929 年，胡适成为国民政府的反动分子。1930 年 2 月，上海市党部又奉中央宣传部密令，没收焚毁《新月》杂志；5 月，刚刚出版不久的《人权论集》，也遭国民党中宣部密令查禁。

1931 年 3 月，清华大学酝酿请胡适去当校长，呈文请示中央。蒋介石批注说："胡适系反党，不能派。"在 3 月 18 日的日记中，胡适说："今天报载蒋介石给了我一个头衔（按：反党）。"

迫于各种压力，胡适在 1929 年 5 月辞去了中国公学校长之职。一年半以后，他重回北平，重返北大教书。

胡适的战友罗隆基就没那么幸运了，不仅被拘捕了六个小时，还被政府敲掉了光华大学教授的饭碗。为此胡适专门去南京找教育部次长陈布雷交涉。

1931 年，为了解除对罗隆基的处分，光华大学校长张寿镛写了一个密呈给蒋介石。蒋问张："罗隆基这人究竟怎么样？"张说："一个书生。想做文章出点风头，而其心无他。"蒋问："可以引为同调吗？"张说："可以，可以。"

实际上，对于现代知识分子，蒋介石也是一味想通过"套交情"的传统方式来拉近彼此之间的距离，最后"引为同调"。他似乎相信一切原则性的争执都可以由此一笔勾销了。

20 世纪 30 年代，胡适（右二）与友人的合影

秦风老照片馆　供图

北大中兴

北京地安门向南过平安大街路口，路西有一个小胡同叫米粮库。胡同口的马路上总是停满了旅游大巴，各地的游客从这里下车，再向南一点去景山、故宫和天安门。熙熙攘攘的人群每天与这个小胡同擦肩而过。

1930 年 11 月 30 日，在上海被围攻的胡适重返北平，就住在了米粮库胡同 4 号。1 号住着历史学家陈垣和语言学家傅斯年，3 号住着梁思成和林徽因。

对于北平，他充满了信心。这一年的 10 月，他在北平协和医院做"哲学是什么"的英文演讲。演讲 20 点半开始，19 点时大讲堂就已经人山人海，连外面都挤满了人，想退场也退不出去。此前 6 月份他在北大也是讲这个题目，16 点开始，13 点就已坐满，晚来的只能站在窗外空地上。因为天气太热，导致很多人中暑。胡适在日记中感慨地说："因讲题是'哲学是什么'，无论在哪一国都不会引出很多人来听的。"

胡适自早年暴得大名，每次演讲都是人山人海，至老不衰。如同余英时所说的："'胡适崇拜'的现象，并不是由政治权威造成的，相反的，它很大程度上象征了向政治权威挑战的心理。"

不过胡适明白，看他的人多，真正听得懂，并接受其影响的并不多。他在《南游杂记》中写道："我说的话，他们也许可以懂五六成，话听完了，大家散了，也就完了。演说的影响不过如此。"

青年们更多的是看热闹，"看胡适之什么样子"，是绝大多数听众的共同心。胡适当年是中国知识界最灿烂的明星，所以"胡适崇拜"与"胡适影响"之间不可画等号。受他影响的人，远没有听众那样多。

米粮库胡同4号是个大洋楼，有树木，有花圃，左手是汽车库，从洋楼向右转到后院就是厨房和锅炉间。后院有个土丘，外面有围墙。洋楼有三层，除了胡适一家外，还住着他的助手，包括亚东图书馆帮助编辑胡适著作的编辑，以及胡适的学生罗尔纲。客厅非常高大，原是个舞厅，胡适改建为藏书室，大厅南面有一个长方形书房，东开一小门，连到庭院可外出散步。胡适自己有专用的自印稿纸，直行，每行二十字，分格，对折，署"胡适稿纸"四字。他写作用毛笔，一稿完成，好似重抄一遍。他晚上出去有事，无论什么时候回来，总要在书房中看一阵书再睡，这是他的习惯。据邓广铭回忆，当时北大图书馆为文、法院长及两院系主任设置了专门的阅览室，但是实际上利用的人并不多，如文学院院长胡适当时在米粮库胡同4号家中的藏晖室，整整三大间书房。

二楼是胡适夫妇以及两个儿子的住房，三楼住了用人杨妈。胡适家有门房一人、厨子一人、打扫的杂役两人、女用一人。1933年底，胡适买了一辆私人汽车，福特的"V8狗鱼"，所以他还雇了一名司机。每个星期日上午，是胡适在家见客的时间，

胡适和家人

胡适的学生顾颉刚

胡适的学生傅斯年

无论三教九流，引车卖浆，都可以直奔他的客厅和他讨论问题。

1930年到1937年7月的北平时期，胡适正式出版专著选集就有二十多种，算上月薪、版税、稿费，每月平均收入至少一千五百银圆。同一时期的鲁迅每月平均收入约六百九十银圆，他在《二心集·序言》中自认为是"中产的知识阶级分子"。那么以此标准衡量，胡适至少是上层知识分子，甚至可以说是有钱人了。20世纪30年代的北平学术界有"三个老板"之说，胡适是其中之一，另两位是他曾经的高才生：傅斯年和顾颉刚。

不过，胡适最初三年半专任中华教育文化基金会编译委员会的主任委员，在北大只是"教书不支薪"，然而他的全部精神都用在"北大中兴"上了。

办教育要有钱，但因为教育经费捉襟见肘，北大校长蒋梦麟迟迟没有就任。胡适回北大第一件事，就是去"拉赞助"。

中华教育文化基金会成立于1924年9月，其宗旨是利用美国退还的庚子赔款开办学校，资助留学。胡适在1927年当选为"中基会"董事，以后连选连任。利用这重关系，在他和蔡元培的推动下，"中基会"与北大达成了为期五年的合作。"中基会"每年拿出二十万元，北大也拿出同等数目作为配套，作为专款用于设立讲座，延请教授以及购买图书、仪器。

蒋梦麟到任后，将原来的文、理、法三科升级为"院"，胡适自告奋勇担任文学院院长，法学院聘请周炳琳，理学院聘请刘树杞，组成了校长之下的"三驾马车"。原先的校评议会，改设为校务委员会，并提出十六字办学方针：教授治学，学生求学，职员治事，校长治校。

早在胡适十几年前到北大，就打定主意要推动北大成为一所研究型大学，从事尖端研究，培养各学科的领袖人才。如他所说："为国家打长久算盘，注重国家的基本需要。"为此，1932年北大成立了研究院，其最早脱胎于胡适等人拟定的《北京大学大学院规程》。研究院的院长由北大校长兼任，下设文史、自然科学和社会科学三个部，后改为文、理、法三个研究所。

胡适除了担任文学院院长外，还在文学院六个系中兼任过五个系主任。石原皋在《闲话胡适》中回忆：他每天早上7点起床，7点40分去北大上课，中午回家吃饭，13点多去中华教育文化基金会董事会上班。晚饭在外面吃，一般23点以后才回家，继续读书写作到夜里2点。胡适常说："谁说每天一定要睡足八个小时？那是迷信，拿破仑每天只睡六个小时。"

1931年至1937年，是胡适最专注发展教育的一段时期，虽处国难声中，尚能排除干扰，推动国家的基础教育、研究的发展与人才的培养。胡适晚年回忆说："我们在那个时候，都感觉一种新的兴奋，都打定主意，不顾一切，要努力把这个学校办好，努力给北大打下一个坚实可靠的基础。所以北大在那最初的六年的国难中，工作最勤，从没有间断。现在的地质馆、图书馆、女生宿舍都是那个时期建造的。现在北大的许多白发教授，都是那个时期埋头苦干的少壮教授。"

此时的胡适不仅是北大的重要决策者，也是北平教育界举足轻重的人物。陶希圣后来回忆说："北京大学居北平国立八校

1929 年 4 月，陈果夫与教育部长蒋梦麟（右三）参加全国大学及专门学校党义教师检定委员会

之首。蒋梦麟校长之镇定与胡适之院长之智慧，二者相并，使北大发挥其领导作用……北大六年的安定，乃至国立八校六年的延续，没有梦麟与适之的存在与活动，是想象不到的。"

"憎恨残暴也憎恨虚妄"

1932 年 12 月，"中国民权保障同盟"在上海成立，领导人物是宋庆龄、蔡元培、林语堂、杨杏佛等人。1933 年 1 月底，北平分盟成立，主要成员有李济、成平等人，由胡适担任北平执行委员会的主席。民权保障同盟的成立，主要目的是反对国民党一党专政，保障人权，营救政治犯。通过这个机构营救的重要人物包括陈赓、廖承志、丁玲、刘尊棋以及牛兰夫妇等。

胡适作为人权运动的"旗手"，自然是"同盟"的骨干，然而一个多月后，人权"旗手"就被开除出会了。

事情的起因在于 1933 年 2 月 1 日胡适收到的一封航空邮件。信是美国记者史沫特莱所发，内附宋庆龄签名的英文报纸，还有一篇英文匿名信，题为《北平军人反省院政治犯控诉书（Appeal）》，长达五页，详细列举了反省院中种种私刑拷打，残酷异常，骇人听闻。来信请求民权同盟北平分会立即向当局提出严重抗议，废除反省院中种种私刑。特别要求胡适"把此事造成一个国际问题"，"因为中国政府对于外国的意见往往比对中国人的意见远为重视"。信中说，这个呼吁书业已交给报纸发表了。

胡适看了信大吃一惊。因为控诉书中所指认的"北平军人反省院"他几天前和杨杏佛等人刚刚去检查过，而且是突然袭击，并未给院方留出作假时机。虽然反省院的条件恶劣，犯人戴着脚镣、伙食被克扣、营养不良等，然而没有一个人提到控诉书描述的那些"骇人听闻的酷刑"。胡适怀疑控诉书的内容不可信，因为犯人中有一个人和他用英语交谈，完全不会隐瞒什么。

不等胡适进行调查，上海总会已经将控诉书交由英文的《大陆报》和中英文合刊的《燕京报》发表了。2月5日，张学良秘书王卓然打电话给他，质问此文的来源，口气非常不满，言下之意，怀疑此种文件乃是他们这些亲到监狱调查的人私自携出甚或妄自捏造的。胡适觉得，他们以后再要调查监狱，恐怕不易下手了，因而对上海同盟总会也很有意见。

恰巧在这天，胡适又收到《世界日报》社转来的一封控诉信，落款为"北平姚家井河北省第一监狱全体政治犯致中国民权保障同盟北平分会函"，内容与控诉书相同，详述种种"摧残压迫之惨毒，虐待酷刑之残狠"。而信封上的地址竟然是胡适的寓所米粮库胡同4号，写信人声称此件乃胡适本人亲自交他要求发表的。胡适认为自己的名号被人盗用了，而且他认为宋庆龄收到的那封"控诉书"，也是以类似手法捏造的。民权保障同盟却以"全国执行委员会"的名义发表，是发布了假信息。

他本来已经写好了给蔡元培和林语堂的信，希望蔡、林二人及杨杏佛等与孙夫人慎重一谈，能补救的话尽量补救，以挽回信用。然而，他发现自己的名号被盗用后，情绪十分激动，又写了一封措辞严厉的信说："如果一二私人可以擅用本会最高机关的名义，发表不负责任的匿名稿件，那么，我们北平的几个朋友，是决定不能参加这种团体的。"

胡适随后给《燕京报》写信，陈述了他所看到的事实，最后表明了自己的态度："我写这封信，并没有意思认为此地监狱的情况是满意的。民权保障同盟北平分会将尽一切努力来改善那些情况。然而我不愿依据假话来进行改善。我憎恨残暴，但我也憎恨虚妄。"

胡适并不认为政治犯的人权得到了保障，但他也不愿依据不实的细节作为武器，不愿用"假话"维护人权。

上海那边，民权同盟临时中央执委会在2月11日召开会议，专门讨论胡适的信，听取了有关控诉书的解释。史沫特莱一再说明，此信是在确认为狱中人辗转递出之后，才于1月25日提交讨论的。那时与会众人都觉得，中国各监狱或军法处使用这类酷刑，时不时有所耳闻，也就不怀疑其真实性。而开会时也不知道胡适视察监狱的消息，所以没找胡适确认情况。事有不妥，却不是哪一两个人的专断。

本来事件说明后纠纷即将平息，然而，以鲁迅为核心的上海分会又在《大陆报》上发表了另一封声明信，指责胡适等人检查监狱前，官方已经知道了信息，并做了准备掩盖了罪行。于是胡适在《字林西报》上应答，详细说明这是一次出其不意的突然袭击。最后胡适强调："改良不能以虚构事实为依据。像那封信和报上所说的那种乱说和夸张，只能给那些希望把事情办好的人增加困难。"

胡适的谈话导致了民权同盟的南北两大分会交相指责的态势。当时同盟总会与上海分会联系紧密，指责上海分会，无异于指责同盟总会。就在《字林西报》发表谈话的当天，总会致电胡适，要求他立即电复，说明此谈话是否其本意。胡适未予答复。2月28日，同盟主席宋庆龄联名副主席蔡元培再致电胡适："会员在报章上攻击同盟，尤背组织常规，请公开更正，否则唯有自由出会，以全会章。"

胡适也没有选择回电。三天后，中国民权保障同盟召开中央执委会议，把胡适开除了。

宋庆龄后来批评胡适的一段话很能代表当时左翼民主人士与胡适的区别："中国有许多所谓'知识分子'，胡适就是其中典型的一个，除非酷刑在他们的眼前施行，他们是不相信监狱中施用酷刑的。可是，有哪一个犯人敢在狱吏面前公开说话呢？哪一个狱吏会让调查者看一看刚受过酷刑的囚犯或者让他亲眼看看酷刑的场面呢？"宋庆龄声称本同盟绝不容留"那些只是软弱地'批评'政府个别的专横残暴的行为，而实则拥护那套压迫人民的'合法'的恐怖制度，并支持国民党——地主、资本家、豪绅和军人的政党——钳制民主权利的人"。

归根到底，双方的区别在于，胡适认为人权问题应该法律化解决，而左翼民主人士认为人权问题应该政治化解决。

胡适虽然批评国民党政权，但还是承认这个政府。他认为：

"只有站在法律的立场上来谋民权的保障，才可以把政治引向法治的路。只有法治是永久而普遍的民权保障。离开了法律来谈民权的保障，就成了'公有公的道理，婆有婆的道理'，永远成了个缠夹二先生，永远没有出路。"

然而，左翼民主派则认为只有政治手段才能起作用。为了这个目的，就要向国外揭露当局的黑暗，调动国际压力逼迫当局释放政治犯。控诉书只要大节正确，细节是否真实并不重要，最重要的是宣传效果，按照鲁迅的说法，"中国监狱里的拷打，是公然的秘密"。

胡适讲法律，所以批判"虚妄"的证据；宋庆龄讲政治，强调的是态度与大方向。

然而令胡适尴尬的是，北平分会成立第二天，国民党北平市党部就发文指控民权同盟为非法组织，通知军警机关"勿予备案"。几天后，国民党南京市党部更呼吁中央下令解散该团体。胡适只有不吝唇舌地在报上反驳："民权保障同盟乃是根据中华民国约法进行组织，若谓此为非法，则法将何解？胡适自信行事堂堂正正、光明正大、一丝不苟，不怕别人来揪辫子。"若强说非法，"吾人对此唯有漠然视之"。

守卫课桌

胡适在 1930 年底重返北平，过了一个热闹的四十大寿。转过年来，他教了一个学期的书，和北大新校长蒋梦麟制订了雄心勃勃重建新北大的计划。1931年的暑假，他带着大儿子胡祖望与丁文江夫妇在北戴河过了一个轻松的夏天假期。9月14日，第二个学期就开学了。而四天之后，就发生了震惊中外的"九一八事变"。

胡适教书育人、读书写字的好梦再次被打碎了。

1932年后，民族救亡的激情一天天高涨，即使北大的学生也和他越来越疏离了。胡适一贯认为，青年学生越是在国家危难时刻越应该冷静，也更应专心追求知识，"把自己铸造成器"，以为将来救国的凭借。这是他一生的坚定信念。早在美国康奈尔读书时期，他就坚决宣传这一主张，并因此招来一片恶毒的咒骂。

在抗战之前的北平，他仍然以同样的话告诫青年。此时旧调重弹，是基于他自己的信念，并非因为他是北大文学院的院长要维持"秩序"。

1935年12月9日，北平爆发了大规模的学生抗日运动，即历史上有名的"一二·九"运动。学生们高呼："华北之大，已经放不下一张安静的课桌了。"这时候，胡适所能守卫的也只有一张课桌了。

六天后，胡适在《大公报》发表一篇《向学生运动进一言》的文章，其中赞扬了学生运动："12月9日北平各校的学生请愿游行，是多年沉寂的北方青年界一件最可喜的事。我们中年人尚且忍不住了，何况这些血气方刚的男女青年……人数不算多，队伍不算整齐，但我们望见他们，真不禁有'空谷足音'之感了。"

但胡适的重点还是规劝学生返回课堂，不要以罢课为武器对抗政府。他还指责鼓动罢课的"少数人"，是"播弄一些无根的谣言"，是少数人"把持操纵"，是"浅薄的煽惑"；又指责广大学生是"轻信""盲动"，"一群被人糊里糊涂牵着鼻子走的少年人"。

这是一个沸腾的年代，国难深重，民族危机高涨，外侮内患日益不绝。时代的主人公注定是《青春之歌》里的"林道静"，而不是"余永泽"。胡适依旧苦口婆心劝解，而他那套静心守志、锻炼成才、学术救国理论已经失去了吸引力。在一些青年看来，胡适甚至成为阻碍进步的绊脚石。

胡适再次落伍。

一名热血青年给胡适写了一封措辞激烈的信，称其为"该杀的教育界的蠹贼"——"在这样危急环境下，凡属热血的青年学生，谁心中不比丧了父母还难过！基于爱国的热情放出一声惨痛的呼喊，以求鼓起同学们的梦醒，这你能说是不正当的吗？……倘若你以为这是不当，那你真是丧心病狂了！该杀的教育界的蠹贼……今天一院的通告，你亲自撕下去了……胡先生，我们深切明白了你的人格！你的人格连一个无知的工友都不如！只有用粗野的手段对付你才合适！你妈的！难道华北卖给日本以后，你还能当北大的文学院长吗……现在警告你：往后你若再撕毁关于爱国的通告，准打断你的腿，叫你成个拐狗！"信的署名为"将来杀你的人"。

大学生开始酝酿罢课。胡适依旧试着上堂讲课，但效果微弱可怜。12月13日是周五，上下午都有课，上午来了三十人，下午只来了十五人。胡适告诉他们，"你们的独立精神是可爱的"。到了一周后的12月20日，下午来上课的只有一个学生了。这样的课，当然上不下去了。唯一来上课的学生叫周祖谟，后来在南北朝音韵学和史学方面都有极高的造诣。

胡适最担心的是青年人被政治口号所迷惑。他在12月12日的日记中写道："青年人没有知识，没有领袖，单靠捏造谣言来维持一种浮动的局面，是可痛心的……城里造城外的谣言，城外造城里的谣言！可怜！"

"一二·九"在北大的最后高潮，发生在1935年的最后一天。这天下午，蒋梦麟召开全体学生大会，讨论"复课"与"放假"的问题。到会的学生有六百人，气氛十分紧张。胡适在会上发言，重提"要在敌人威胁之下照常读书"，并说："北大不仅是你们的，也有我们的一份。学生不上课，教员拿钱不教课，算干什么的？"胡适的发言引来了一片嘘声。会议就是否复课举行了表决，举手的只有百余人。

表决之后，有一位署名"学生友仁"的"学数理的青年人"自称因在那次大会中"所受刺激太深，晚上回来总睡不好"，给胡适写了封长信，信中说："有些同学被吓唬住，不敢举手。正在气愤时，刚好听到胡先生的'懦夫'。"于是才鼓起勇气表达自己真实的意愿。他在最后写道："胡先生，你的几十年来的特立独行的精神，我很愿意尽力取得！"

这恐怕是"一二·九"中胡适唯一的一点慰藉了。

1936 年 1 月，周作人写信给胡适，安慰他在"一二·九"学潮中所受的打击。胡适回信说："你说：'我们平常以为青年学生是在我们这一边。'我要抗议：我从不作此想。我在这十年中，明白承认青年人多数不站在我这一边，因为我不肯学时髦，不能说假话，又不能提供给他们低级趣味，当然不能抓住他们。但我始终不肯放弃他们，我仍然要对他们说我的话，听不听由他们，我终不忍不说。"

1936 年 7 月，胡适去美国出席太平洋国际学会，途经日本时与评论家室伏高信有过一段对话。胡适对室伏高信说："我们由指导青年的时期起已二十年，在这期间里，中国青年已经好几度变迁了。我虽然是个自由主义者，但是像我这样的自由主义者已经成了少数……虽然如此，到了最近，民族主义已经获得压倒的势力，国家这个东西成了第一线，在中国没有一种力量能够阻止这种大势的。"

杂志与救国

随着日本侵略日趋加紧，胡适已不可能从容漫步于教育、文化和学术了。从 1932 年开始，他越来越多地卷入政治、外交等方面的讨论中，社会角色不再单纯是学术研究和教育领袖了。

　　在心态上，胡适也不自主地发生了很大的变化。尽管他一直倡导学术救国，争取谋五十年的和平发展，但是内心越来越焦虑。胡适曾有些伤感地说："大火已经烧起来了，国难已临头了。我们平时梦想的'学术救国''科学救国''文艺复兴'等工作，眼看都要毁灭了……我们这些'乱世的饭桶'在这烘烘热焰里能够干些什么呢？"

　　这种时代的焦灼感压在胡适和他的朋友们的心头，令人窒息。

　　"九一八事变"爆发不久，当时在清华大学任教的俞平伯就给胡适写信，建议他亲自出马，重操旧业，在北平办一本杂志。俞平伯说："今日之事，人人皆当毅然以救国自任，吾辈之业唯笔与舌……现今最需要的，为一种健全、切实、缜密、冷静的思想，又非有人平素得大众之信仰者主持而引导之不可，窃以为斯人，即先生也。以平理想，北平宜有一单行之周刊，其目的有二：一、治标方面，如何息心静气，忍辱负重，以抵御目前迫近之外侮；二、治本方面，提倡富强，开发民智。"

　　虽然后来俞平伯并没有参与《独立评论》的创办或为之撰文，但是这一段话很能体现当时一些自由知识分子的愿望，即拥戴胡适以办刊物为"救国""强国"或者是"治标""治本"之道；要实现自己的救国愿望和政治理想，只有办刊物造舆论，知识分子用"笔与舌"也可以参与到救国的洪流中。国难当头，"我辈岂是闲人"？

　　于是胡适和朋友在1931年底组织成立了独立社，并准备出一本《独立评论》。社员包括丁文江、翁文灏、蒋廷黻等二十人。最初的费用由会员集资，依旧是每人捐出月收入的5%。积了五个月的捐款后，出版了第一期。刊物出了近两年，社员捐款才完全停止，经济上就能够做到基本平衡了。

胡适晚年写《丁文江的传记》时，特别叙述了这个时期他周围一班知识分子的价值取向。他写道："《独立评论》是我们几个朋友在那个局势里还可以为国家尽一点点力的一件工作。当时北平城里和清华园的一些朋友常常在我家里或在欧美同学会里聚会，常常讨论国家和世界的形势，就有人发起要办一个刊物来说说一般人不肯说或不敢说的老实话。"

这种"老实话"就是独立的思想。在刊物第一期的发刊词中，胡适解释说："我们叫这刊物作《独立评论》，因为我们都希望永远保持一点独立的精神。不依傍任何党派，不迷信任何成见，用负责的言论，来发表我们个人思考的结果：'这是独立的精神。'"

看起来，这与胡适办《努力》与《新月》所倡导的自由言论并无太大区别。但实际上，这些知识分子的言论态度已经发生了一些变化。

1932年1月，胡适等十四名学者一起吃饭。饭局缘由，在于他们都将参加这年4月在洛阳举行的"国难会议"。国民政府组织"国难会议"的目的，就在于争取全国各界领袖，团结一致，共同应对日本的侵略。在这次"预备会"中，这些背景不同的知识分子形成了一个共识，"不应对国民党采取敌对态度，当以非革命的方法求得政治的改善"。这也说明，胡适结束了与国民党在上海时期的旧怨，从此进入了一个互异中合作的阶段。

在 2 月 13 日独立社的聚餐中，大家又谈到内政问题，包括"怎样建设一个统一国家"，以及如何分配政权，并形成了一些共识，如"分化国民党为多党""取消党外无党""避免国民党专政"等。胡适在日记中写道："周炳琳君对于国民党的前途甚悲观，其余皆非党员，却承认党外的政治团体更无希望。"

三个多月后，《独立评论》第一期出刊。独立社成员与"国难会议"参加者有一半重叠，每个人主张不同，彼此间常有争论，但此时在大原则上达成了最低限度的共识，即维护国民党社会重心的地位，而寻求改良与补救的方法。

胡适将《独立评论》视作自己的救国事业，在五年之中倾注了大量的心血。这项工作甚至已经扰乱了胡适的家庭生活，因为夜间常写字到凌晨 3 点，引起了妻子江冬秀极大的不满。胡适对江冬秀说："我们到这个时候，每星期牺牲一天做国家的事，算得什么？不过尽一份心力，使良心好过一点而已。"

1936 年华北当局强迫《独立评论》停刊，胡适当时还在美国参加太平洋学会的国际会议。帮他做校对的章希吕记道："我由外回来，看见适嫂很高兴，我有点奇怪，后来问杨妈，始知适嫂不愿适兄办此报，能封门最好。"

胡适对这本杂志是非常自豪的，他在 1936 年《〈独立评论〉的四周年》一文中说："我们不作刺激性的文字，不供给'低级趣味'，又不会搬弄意义模糊的抽象名词，当然不能叫青年读者过瘾，当然不能希望读者的增加。但这三年来，读者增加了一万。我们的乐观使我们又'妄想'读者的胃口确实改变了，那每天渴望麻醉的瘾确实减少了。"

在办刊五年中，《独立评论》也因为批评宋哲元的"北平冀察政务委员会"而被查封，后经胡适抗议，三个月后恢复出版。胡适晚年回忆时颇为自豪："为什么那时我们的报还有一点言论自由呢？因为我们天天在那里闹的。假使说胡适之在二十年当中比较有言论自由，并没有秘诀，还是我们自己去争取得来的。"

胡适曾经极力主张《新青年》的内容以"思想文艺"为主，而办《独立评论》时，他则完全反了过来。"有些朋友时时写信劝我们多登载一些关于思想文艺的文字，其实我们并不曾有意拒绝这一类的材料，不过因篇幅的关系，这一类的文字往往被政治、外交、经济的讨论挤出去了。"专心谈政治的背后，是胡适更明确也更宏大的抱负，即通过言论影响执政者，指导国民党，将中国的政治纳入轨道，将国民党训练成为一个合格的驾驶员。他留学归来时的理想，是成为国人思想文化的导师，而现在则要实际地影响国家政治，成为"王者师"。

就在《独立评论》出刊这一年，1932 年 11 月 28 日，胡适和蒋介石第一次会面，他们一起吃了晚饭。宋美龄作陪，客人还有陈布雷和裴复恒。第二天，蒋介石再次与胡适吃饭。席间，胡适送给蒋自己的《淮南王书》。这本是他的《中古思想史长编》的第五章，也是胡适政治思想与抱负的集中体现。他希望蒋介石能留意《淮南王书》中"无为主义的精义"，做一个能开放视听、尊重民意的"虚君"。

虽然"淮南王"的"虚君"与蒋介石的"力行"哲学南辕北辙，但此后，胡适开始成为蒋介石问政的幕僚。胡适从一个边缘知识分子，走向了核心权力圈，用他自己的话说，是从事"领袖的教育事业"。尽管在这个政治体系中，他一直是一件"民主的装饰品"。

在中国杂志的历史上，《独立评论》是一个特殊的存在。它的参与者，一步步地以媒体为桥梁，居然迈进了体制内的权力中心，后来竟有一多半在国民党中央一级的党政机构中担任了官职。丁文江出任了国防设计委员会、中央研究院总干事；蒋廷黻出任了行政院政务处长、驻苏大使、中国驻联合国常任代表；职务最高的翁文灏，担任了行政院院长；胡适则出任了驻美大使。

胡适认为他们并非普通的官员，而是领袖的"诤友""诤臣"。他在给翁文灏、蒋廷黻、吴景超的一封信里，曾引宋人杨万里（号诚斋）的一句诗："流到前溪无一语，在山作得许多声！"胡适希望三个在政府里做官的朋友，不要像那山泉一样，出山以后反而不声不响。他解释说："故私意总期望诸兄要努力做 Educate the chief（教育领袖）的事业，锲而不舍，终有效果。行政院的两处应该变成一个'幕府'，兄等皆当以宾师自处，遇事要敢言，不得已时以去就争之，莫令杨诚斋笑人也。"

"民治"与"新式独裁"

英国历史学家汤因比曾说，20世纪30年代初期有个特点，就是全世界的男男女女都在坦率地讨论西方社会制度垮台的可能性。在《独立评论》上，这种坦率的讨论也同样热烈地展开了。

当时世界政治舞台，正是独裁政治最流行、最时髦的时候。意大利的墨索里尼、德国的希特勒、苏联的斯大林，甚至美国为了应付金融危机也给予了罗斯福极大的特权，这些大权在握的独裁者和政治强人则是时代的宠儿。

"新式"的独裁政治弥漫了整个世界。即使不少受过英美教育的自由派学者，像蒋廷黻、钱端升、吴景超、丁文江等，因为"九一八"的影响，也开始对英美议会政治产生了怀疑，对中国的"宪政"更没有信心。他们开始主张独裁专制振兴国家，认为一个国家太弱，会受到外界侵略，中国需要一个强人来治理。蒋介石则在暗中仿效意大利的"黑衣社"、德国的"棕衣社"，大搞"蓝衣社"。领袖独裁与一党专政呼之欲出。

清华大学教授蒋廷黻写了《知识阶级与政治》，钱端升写了《民主政治乎？极权国家乎？》，丁文江写了《民主政治与独裁政治》。他们认为"专制建国"、"武力统一"，建立"强力政府"才可以把中国带出危机。而在中国，"民主政治根本还谈不到，独裁政治当然是不可避免的"，甚至说，"除去独裁政治还有旁的路可走吗？"

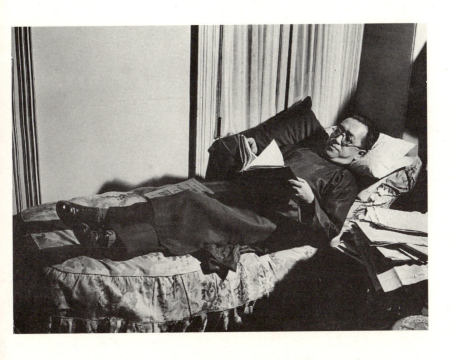

1939 年，任驻美大使时期的胡适，在美国的住所

　　这时，相对于与他有相同教育背景，有着接近的文化基因的圈内朋友们，胡适又成了一个少数派。

　　有趣的是，二十年前反对梁启超"开明专制"的革命党人，当时根本不承认中国政府有实行开明专制的资格，而现在他们又转向 180 度，成为主张实行专制的最核心的政治力量。他们的困惑在于过去二十多年"空名共和的滑稽"和对民主共和的失望。

　　于是，胡适写了《建国与专制》《一年来关于民治与独裁的讨论》《答丁在君先生论民主与独裁》《政治改革的大陆》等一系列文章，继续反对独裁，重申"民治"与宪政。当身边的自由知识分子们都在喊着独裁合理可行时，胡适依然对自由体制与民主政治保持乐观和信心。

　　值得注意的是，胡适对于各种"新式独裁"说的反对，并非反驳其合理性，而是反驳其在中国实行的可行性。也就是说，胡适直接跳过了"该不该"的问题，而是进入到了"能不能"。省去了大量的概念性的论证，胡适直奔结果——"新式独裁"在中国是行不通的。

　　胡适有三条理由："第一，我不相信中国今日有能专制的人，或能专制的党，或能专制的阶级；第二，我不相信中国今日有什么大魔力的活问题可以号召全国人的精神与理智，使全国能站在某个领袖的领导下，造成一个新式专制的局面；第三，民主宪政只是一个幼稚的政治制度，最适宜于训练一个缺乏政治经验的民族。"

　　在这个基础上，胡适提出了"幼稚园的政治"理论。也就是说，民主政治是不需要有"诸葛亮"的政治，只需要"阿斗"们把他们的平凡常识凑起来就可以勉强应付；民主政治是常识的政治，而开明专制是特别精英的政治。他在《一年来关于民治与独裁的讨论》一文中总结说："只有民主宪政是最幼稚的政治学校，最适宜于收容我们这些幼稚阿斗。"

值得注意的是，与同时代中国其他精英知识分子相比，胡适身上几乎没有那种普遍的"乌托邦精神"。他的精神体系，在更深的层次上是个异类。他既不相信有彻底解决之道，也不会乐观地去看待领袖的能力与品格。

胡适有个比喻，在中国倡导独裁无异于"教三岁孩子放火"。他断定："中国今日若真走上独裁的政治，所得的绝不会是新式的独裁，而一定是残民以逞的旧式专制。"——"残民以逞"是在中国这块土地搞独裁、搞专制的必然而且是唯一的苦果。

治学与救国也好，"民治"与独裁也罢，胡适奔波于整个 20 世纪 30 年代，疲惫而尴尬。一方面，胡适在修内政和御外侮之间，毫不犹豫选择内政优先，因此当务之急是建立宪政；而另一方面，外侮日甚一日，却又必须有个领袖。

1937 年初，胡适写下了这一年的三个期望："第一个期望是，今年必须做到宪政的实行；第二个期望是，我们期望蒋介石先生努力做一个'宪政的中国'的领袖；第三个期望是，我们期盼政府今年能做到整个华北的疆土的收复和主权的重建。"

这种种期望就像十年前他所写下的那些"新年的好梦"一样，注定被惨淡的现实击碎。1937 年 7 月 2 日，他给《独立评论》写下了最后一篇文章《我们能行的宪政与宪法》，刊发于 7 月 11 日。胡适在"卢沟桥事变"的第二天就离开了北平，参加蒋介石的庐山会议，随后担任驻美国大使，以自己的方式"共赴国难"了。

再回北平，又是一个十年之后了。

何去何从：残局中的『过河卒』

内战将中国知识分子迅速推向两极化，不归于杨，则归于墨。两条道路，两种前途，摆在所有人面前，中间再没有回旋和中立的余地。

北大校长

"天晴后，八点一刻，海上晚霞齐艳，为生平所少见。九年不见祖国的落日明霞了！"

1946 年 7 月 24 日，胡适从美国归来，轮船停泊在上海吴淞口外。适逢雨过天晴，胡适在日记中写下了这段话。

去国九年，胡适内心对祖国充满了期待。尤其是他将重返北京大学，担任北大校长。北大对胡适来说具有特殊的地位，在他众多的身份与头衔中，北大校长是他最为看重的。即使三年后他离开大陆，无论寓居美国还是漂泊中国台湾，仍旧以北大校长自居。在遗嘱中，他将留在大陆的一百零二箱书籍全部捐给了北大。

胡适愿意重回北大，却不愿意出任校长，但经不起北大同人关于"复兴北大"的请求。就像 1931 年重返北大一样，他心中怀着朴素的念头——把北大办好。

邓广铭是胡适最初两年半的秘书，他后来回忆说："他（胡适）不但立志要把北大办好，也不但以华北地区教育界的重镇自任，而且放眼于全中国的高等教育事业，是以振兴中国的高等教育为己任的。"

但此时国内的环境比当年更加复杂。他抵达上海时，国共谈判已经宣布破裂。一个月后，马歇尔和司徒雷登就正式宣布美国"调处"失败。内战将中国知识分子迅速推向两极化，不归于杨，则归于墨。两条道路，两种前途，摆在所有人面前，中间再没有回旋和中立的余地。而胡适却抱着出国前"超党派"的"独立"观念，回到了一个完全改变了的祖国。

重回国内，胡适受到了社会各界的热烈欢迎，名片就收了好几寸高，心情非常舒畅。一周后，蒋介石请他一起吃早餐，"席间相谈甚欢"。胡适见了很多朋友，但"听到的话悲观居多"，很多人对国家的未来深感失望。他劝大家，要咬紧牙关，尽力挽救和改善当前的局面。"如果我们自己就先悲观，觉得世事不可为，那么国事真更将令人悲观，令人觉得不可为了。"

7月底胡适回到北平，住在东厂胡同1号。东厂胡同是一条东西向的胡同，1号在胡同的东口路北，是个包括几个四合院的大院，除了胡适一家外，还住着傅斯年、汤用彤等几家。胡适家是个两进的院子，学校还给他配了一部小汽车。

1946年10月10日，北大新学期的开学典礼在国会街北大四院召开。那天的布置有点奇特。大门前交叉插着两面国旗，迎门贴着"热烈欢迎胡校长""要求学术自由与思想自由"等大幅标语。门内屏风似的大型壁报上写着颇具政治性的口号："纪念双十节要打破士大夫阶级的可怕的冷静，宣泄几十年在统治阶级下的苦闷与怨恨。"当时，北大有三千五百名学生，已是一个非常可观的数目了。

　　没有任何仪式，胡适穿着长袍马褂走上台开始演讲，他声明只是"说几句家常话"。从 1917 年开始，胡适与北大的渊源已有三十年，这是他第一次以校长的身份站在学生面前演讲。胡适的话确实很朴素，是他几十年来从未改变的愿望，也是他对北大长期坚持的目标。"我只做一点小小的梦想，做一个像样的学校，做一个全国最高学术的研究机关，使它能在学术上、研究上、思想上有贡献。这不算是个太大的梦想吧。"

　　具体而言，他的治学理念就是要使北大成为一个独立的大学。不仅是学术与思想的独立，更重要的是摆脱政治干扰，不受党派影响与干预，保持学校本身的纯洁性。胡适说："我是一个没有党派的人，我希望学校里没有党派，即使有，也如同各种不同的宗教信仰自由一样，不管你是什么党派，学校是学校。我们没有政治歧见，但先生与学生要知道，学校是做人做事的机关，不要毁了这个再过多少年也不容易重建的学术机关。"

　　胡适这个主张，当时执政的国民党与革命中的共产党都不会接受。青年学生一直是两党争夺的重要对象。国民党和国民政府历来对学校严加控制，除设有党部、"训导长"之外，还动用特务和"三青团骨干"对付进步师生。中共在北大等重点学校的地下组织十分活跃，致使学潮频发，学运不断，这在当时也是公开的秘密。不管谁来当校长，"教育独立"在国内壁垒分明的斗争中，都是一个不可能实现的幻想。

1947 年 4 月 27 日，北平（今北京），清华大学三十六年校庆，原西南兼昆明师范学院院长查良钊（左一）、南开大学秘书长黄钰生合影

为了推动"独立的北大"，胡适特意引用了南宋思想家吕祖谦的话："善未易明，理未易察。"意思是："善"是不容易明白的，真理是不容易察觉的。

胡适依旧坚持他学术救国的理念，希望在两党对立风雨飘摇的时代，把北大隔绝为一片"学术净土"，这在革命者看来，自然是逆历史潮流而动的反革命。郭沫若后来批评胡适："平日蒙上'自由主义者'之假面具，高唱'善未易明，理未易察'之滥调，以乡愿贼德，毒害学生。"

胡适此时尚未意识到，自己的社会角色已经完全改变，与此前文学院院长完全不同了。他的世俗地位已经达到了巅峰，不但是教育、文化、学术界的领导人物，而且也是政治界的象征性领袖。他没有势力，但有巨大的影响力。时势把他推到了这个位置，而不是他自己的选择。他变成了他所说的"公共人"，私人时间几乎被剥夺干净，从此身不由己，随中国时局飘零动荡。

十年计划

胡适曾对蒋介石说，他是要在北大校长的位置上干五年十年的。他对于北大与全国大学的发展也是有长远考虑的。

胡适认为，国家与其花费几百万美元送学生到外国留学，不如省出一部分钱来在国内建设少数世界水平的大学。只有如此，中国才有学术独立的希望，而国家发展的需求则可以依靠国内的大学进行研究和实现。

1947 年 8 月，在中央研究院院士选举筹委会上，胡适当面向蒋介石提出了《争取学术独立的十年教育计划》。"计划"的核心意见有两条。首先是在十年之内，集全国的人力、物力，经营五所基础最好的大学，使其成为国家第一流的学术中心以及学术独立的根据地。这五所大学包括：北京大学、清华大学、武汉大学、浙江大学和中央大学。五所达标后，再培植五所，争取十年后中国能有十所一流大学。第二个意见，其实是他一直倡导的建设研究型大学，即大学应该向着研究院的方向发展，必须能够承担独立的研究任务。胡适说："有了这五个十个最高学府做学术研究的大本营，十年之后，我相信，中国必可以在现代学术上得到独立的地位。"

也是在 1947 年的七八月间，胡适给国民政府的国防部长白崇禧和参谋总长陈诚写了一封信，提出一项"关系国家大计"、具有战略意义的重大建议——发展核物理研究。"二战"后，原子能研究与开发成了世界上最前沿、最热门的科学领域。胡适在美国亲身感受到了原子能研究的战略价值，他提出在北大集中全国研究原子能的第一流物理学者，建立研究所，并训练青年学者，以为国家国防工业之用。

同时，胡适开出了一个海外华人科学家的名单，包括钱三强、何泽慧、胡宁、吴健雄、张文裕等九人。这些优秀的物理学家分散在欧美各国。胡适已经和他们联系过，大都答应来北大任教，并愿以北大物理系为基础，建设国际领先的原子物理研究中

1952 年，台湾，排队等候进场听胡适演说的学生和知识分子
秦风老照片馆 供图

心。胡适希望白崇禧、陈诚能从国防科学研究经费中拨出五十万美元，分两年支付，作为购买设备的费用。"我知道此数目甚巨，责任重大，故甚盼两位先生于便中报告（蒋）主席，请其指示裁夺。"胡适在信中写道。

胡适特别强调，他写这封信并不是为北大着想，而是因为这些科学家都在国外有了成绩，也愿意来北大工作，为了国家科学前途考虑，这个责任他必须承担起来。现在他已经解决了人的问题，但研究设备的钱却没有。胡适自信地说："此意倘能得两位先生的赞助，我可以断言，我们在四五年内一定可以有满意的成绩出来。"

蒋介石忙于打内战，这笔发展核物理的钱他自然拿不出来。1948年，胡适费尽周折再次从"中华教育文化基金会"争取到了二十五万美元的费用，作为几所重点大学的复兴费用。他分配给北大十万美元，中山大学、武汉大学、浙江大学各五万美元。北大的十万美元没有像撒胡椒面一样分散用掉，而是集中用于物理系现代物理学的研究，为他心中那个"国之大计"垫上一点砖瓦。他特地委托在美国的物理学家吴健雄等人代为购买设备。但由于此时国民党政府在祖国大陆已全面崩溃，这块小砖头最终也没有"垫"上去。胡适很失望，最后把这十万美元退还给了中华教育文化基金会。

在每一个历史时期，胡适总会制订一个深谋远虑的科教计划，不管政治如何动荡、风雨飘摇，他都努力去维系这个脆弱的理想并为之奋斗。但遗憾的是，时代从来没有给予他正面"求证"的机会。

在 20 世纪 40 年代末，他的教育与科学计划再度冷场。胡适一生提倡"科学"，并不是一句口号，只要有机会，他便百折不回地推动科学研究在中国的展开。他曾写过一首诗："为他起一念，十年终不改。有召即重来，若亡而实在。"

没有选择的选择

胡适回国，蒋介石对他的期望并非只是担任北大校长和教育领袖，而是要他成为自己摆弄政治的一枚棋子。

抗日战争胜利后，国民党宣布结束"一党专政"的训政，开始宪政，并将于 1946 年 11 月召开制定宪法的"国民大会"。胡适对此表示欢迎，他在《华北日报》上说："只要中国能向民主宪政之途多走一步，中国总是多好一分。"胡适本人从改良主义的角度，愿意参加"国民大会"，其心态与二十多年前参加北洋政府的"善后会议"，并无太大差别。

当时内战已经开始，中国共产党和中国民主政团同盟（简称"民盟"）对"国大"进行了抵制。他们认为，"国大行宪"仍是国民党一党独大和一党操纵，虽有一二小党阿附，并不能真正代表中国当前的政治力量分野，从而也不能代表 4.5 亿中国人民的意志，不具合法性。

由于中共和民盟两大政治力量的抵制，是否参加"国民大会"，便成为中国现实的两种政治势力、两个政治阵营，甚至两条道路、两种前途、两种命运的分水岭。这种状况与当年是否参加"善后大会"非常相似，只不过对立更加尖锐。

胡适的态度与选择，在当时的中国政治舞台举足轻重。因他坚定的民主个人主义信仰与自由主义的政治立场，他成为所谓"第三势力"的领袖。所以，胡适一旦决定参加"国大"，为国民党"行宪"捧场，便等于公开宣布了他的政治立场选择与感情的倾向。

在胡适政治哲学中，有宪法总比没宪法好，有形式、有姿态总比没有好。他有一种乐观和韧劲，认为即使是"逢场作戏"，也可能"假戏真唱"，最后"弄假成真"。李敖在《播种者胡适》中，说胡适最喜欢的一句话是："You can't beat something with nothing."意思是"只要我们有东西，不怕人家拿'没有东西'来打我们"。这句话最早出自于20世纪30年代的美国大选。胡适相信："我有"就不怕"没有"。

依照这个逻辑，他知道蒋介石是一个独裁者，他也只能以自己的身份为筹码，为国民党的"行宪"做面子、撑台面。无论为了他所追求的"自由""民主"理念，还是他所信奉的"和平主义"，对胡适而言，参加"国大"、参与"制宪"，都是一个没有选择的选择。他只有幻想着蒋介石能实现他的自由和民主理想。

1946年11月10日，国民政府主席蒋介石电邀胡适出席在南京的"国民大会"。次日，胡适飞抵南京。"国民大会"于11

1952 年，由美国抵达中国台湾的胡适举行公开演说

秦风老照片馆　供图

月 15 日开幕，代表总共两千零五十名。胡适被选入主席团。《宪法草案》在大会须经三读。在二读大会上，又推定代表孙科、胡适、王宠惠等十二人负责整理宪法决议案条文的文句。

像宪法条文这样百年大计的文献之文字推定，只要有胡适在，大家就不会选第二人，即使法学家王宠惠也要让位。胡适报告后，宣读《宪法》条文历半小时，大会完全接受，国民党的"制宪大业"便宣告成功了。

胡适对于这部"宪法"给予了很高的评价。他曾对英国大使拉尔夫·史蒂文森说，这次国民党结束训政，是一件政治史上稀有的事。其历史意义，是国民党从苏俄式的政党回到英美西欧式的政党，这是孙中山遗训的复活。

胡适投入了大量的精力宣传他所认定的民主与自由的思想，在内战的炮火中，这些密集的演说、文章依旧显得不合时宜。

8 月 1 日上午 9 点，胡适在北平广播电台做了生平第一次国内广播，讲题是《眼前世界文化的趋向》。胡适依旧认为民主是世界文化的大潮流。他说："我是学历史的人，从历史上来看世界文化的趋向，那民主自由的趋向，是三四百年来的一个很大的目标，一个最明白的方向。最近三十年来的反自由、反民主的集团专制的潮流，在我个人看来，不过是一个小小的逆流，我们可以不必因为中间起了这一个三十年的逆流，就抹杀那三百年的民主大潮流、大方向。"

8 月 1 日这一天胡适很辛苦，前一天为写广播词而通宵未眠。上午广播后未得休息，魏德迈特使团又到北平，约他去谈

话。他下午赴约，16 点半先与政治顾问斯普洛斯谈。17 点 10 分
同魏德迈将军谈，一直谈到 19 点 20 分。胡适是当时世界知识最
丰富、最了解国内局势、见解最透辟的中国舆论界领袖人物，在
全世界的知名度极高，美国朝野也很重视他的意见。

余英时在《胡适与中国的民主运动》中评价道："在 1947
年，胡适向中国青年知识分子宣扬西方民主政治，把它说成是世
界文化的大潮流，同时又把苏联式的社会主义'革命运动'看作
是'一个小小的逆流'，那是犯众怒的事。"当时胡适的形象已
经是"美帝的文化买办""蒋介石的御用文人"。

1947 年，正是中国民主自由思想处于最低潮的时期。十年
后，胡适流亡海外时回忆说："我观察了这十年（1947–1958）的
世界形势，我还不悲观，我是乐观的。"对 1958 年的美国，他
的观点比对 1947 年的中国还要孤立。当时美国的"中国专家"
恐怕没有一个人会同意他的看法。

民主的"装饰品"

鲁迅虽然没做过大官，仅在教育部当过一段时间科长，但
对官场看得很清楚。他曾在《知难行难》中揶揄了官僚与知识分
子的关系——"中国向来的老例"是："做皇帝做牢靠或做倒霉
的时候，总要和文人学士扳一下子相好。做牢靠的时候是'偃武
修文'，粉饰粉饰；做倒霉的时候又以为他们真有'治国平天下

的大道'，再问问看，要说得直白一点，就是见于《红楼梦》上
所谓'病急乱投医'了。"

蒋介石为了政权的需要，在20世纪30年代后期将一些自
由派知识分子吸收到政府之中，以做开明姿态。但实际上，这种
关系就像鲁迅说的"扳一下子相好"，蒋介石依旧当他的"皇
帝"。经济学家何廉在回忆录中说："总司令走到哪儿，政府的
真正权力就到了哪儿。就权力而言，他主宰了一切……翁文灏和
我虽都在政府中位居高职，但比起'圈内集团'来，毕竟还是外
人。我们并非政府的里层人物，也非党的成员，我们不过是政府
的'装饰品'！我们从未能够搞清楚幕后究竟在搞些什么。"

1947年初，胡适便不断受蒋介石的压迫——逼他加入政府。
无论考试院长还是国府委员胡适都不愿担任。从1932年第一次
和胡适吃饭后，蒋介石就一直在和胡适"扳相好"。到了1947
年，蒋介石便要求胡适出来直接做他的民主"装饰品"。

胡适拒绝的理由是："要请政府为国家留一两个独立说话的
人，在最要紧关头究竟有点用处。我绝不是爱惜羽毛的人……但
我不愿放弃我独来独往的自由。"

蒋介石对胡适紧逼不放，是因为他感到政府已面临巨大的
危机，特别是在争取社会信任和美国的支持上。随着内战全面展
开，蒋为争取美国的支持，希望胡适以"无党无派"的身份加入
政府，要建立一种新的形象，这一点胡适心里是清楚的。

蒋介石在1947年3月5日给胡适的一封信中已经挑明了这
种关系："唯改组后之国民政府委员会为集议决策机关，并无行

政烦琐工作，其职权大于参政会而性质相同，且系过渡时期机构，为期不过数月。倘先生不参加，岂唯政府决定政策之最高机构失一重大助力，社会且将疑于政府革新政治之诚意。"

这也就是蒋介石对胡适一直强调，国府委员不是官，只是借胡适的名字为过渡时期（从训政到宪政）的政府撑撑门面，根本不期望他有任何实质的贡献。

蒋介石希望通过胡适的好友傅斯年劝说胡适。1947 年 3 月，傅斯年却写信告诉胡适：政府现在的改革政治缺乏起码的诚意，例证就是仍偏袒孔祥熙、宋子文大官僚买办。在蒋介石心中，"孔、宋是不能办的，CC 是不能不靠的，军人是不能上轨道的"。在这种前提下，借重胡适，"全为大粪堆上插一朵花"。

随后傅斯年又给胡适写了一封信，明确告诉他："国府委员会"的法定名词为"最高决策机关"，"绝与参政会不同"。他再次劝告胡适，不要让名声毁于一旦，使亲者痛心，学校瓦解。他还帮助胡适出主意，让汤用彤等三名北大教授，联名致电教育部表示反对。

美国的态度，也是蒋介石拉胡适入仕的重要参考。1947 年 1 月，马歇尔回国担任副总统，在离开中国前发表声明说："和平障碍国共两党均有责任。"外交部长王世杰在日记中写道："马歇尔之声明，谓中国目前之希望，寄于国民党中之自由主义分子与其他党派中之自由分子，竟欲支持此种分子组织政府。"也就是说，美国希望由国民党内外的自由主义者来组织政府，并愿意给予支持。王世杰虽然认为这是正确的意见，但是由于美方想直接左右中国政治，让他感到非常不愉快。

驻华大使司徒雷登曾经直接向蒋介石建议："一是在除行政院以外的政府机构中普遍增补非国民党党员；二是注重行政院的内部调整；三是短时期内集中实权予国民政府委员会。"他希望蒋能改组国府委员会，大量吸收自由主义知识分子，由开明的无党派人物组成政治核心。

胡适与美国高层上下熟悉，在美国看来他是最符合西方民主标准的政治人物。傅斯年在给胡适的信中，对蒋介石的取舍进行了尖锐的分析："（蒋介石）表面诚恳，与其内心之上海派绝不相同，我八九年之经历，知之深矣。此公只了解压力，不懂任何其他。今之表面，美国之压力也。"

一年之后的1948年3月底，在第一届"国民大会"第一次会议（行宪国大）上，蒋介石又导演了一出让总统的丑剧。他先"劝说"胡适当总统，支持胡适竞选，然后又借助中央常委会反对，自己再度出山，并提出"赋予总统以紧急处理权的建议"，增加总统权力。最后，由"国大"代表莫德惠领衔，771名"国大"代表联名提出了一份《请制定动员"戡乱"时期临时条款案》，使总统在"戡乱"时期不受"宪法"第39条或第43条的限制。蒋介石后来连当五任"总统"，在台湾实施了40年的"戒严"，都是这项提案的后续影响。在这份《请制定动员"戡乱"时期临时条款案》中，第一个签字的人就是胡适。

胡适后来说，他愿意用自己道义的力量支持蒋介石的政府。

"这样的校长真不值得做"

在北大历任校长中，胡适的实际任期很短，还不到两年半，但心态上是最焦虑的一位。就像他自己说的，乱世之中"只做一点小小的梦想"，就是"做一个像样的学校"，无非是学生读书，先生治学，做些科学研究，解决国家的实际问题。

然而20世纪40年代中国的教育生态和政治生态已经完全改变，内战造成的生计艰难使教授、学生都无法安心治学求知。在政治两极化的情势下，学潮也是当时的一个普遍现象。胡适孤独地坐在一个火山口上，殚精竭虑，身心俱疲。大厦将倾，任是谁也不能"挽狂澜于既倒"。

1947年，胡适给教育部长朱家骅、行政院长张群和蒋介石写信要求增拨经费。在历数了一大串困难后，朱家骅在信中说："如此情形，弟实在无能为力，只有一去了之，想兄亦能谅我也。"胡适伸手要修缮费、设备费192亿元，张群只给25亿元；胡适要外汇10万美元，张群只能给1.5万美元。北大新成立的工学院、农学院没钱购买设备仪器，胡适只能勉励学生："虽无仪器设备，而应仍能照常做研究工作。"除此，他也没办法了。

蔡元培执掌北大时盖了一座红楼，蒋梦麟任校长时盖了一座图书馆，胡适本想在任上给北大修建一个大礼堂，并请梁思成设计了方案，但也因没有经费而落空。

学校发展举步维艰，教授和学生的生计更成问题。1947年

5月底，在北平行辕新闻处召开的记者会上，胡适忍不住发了一通感慨："……约我谈学生运动，我觉得很惭愧。过去的时间大部分都用在油盐柴米上，弄房子，修房子，替先生找宿舍，替学生解决生活问题，对学生没有负起指导的责任来。"

在此之前，《申报》曾经有一篇《北大经济危机教授透支达4亿元》的报道，说北大有180余名教授透支4亿元，其中最多的有600余万元，总共每月付利息5000万元。北大负责人称："如此下去，教授即将无法教书，学校无法办理。"

货币的急剧贬值，让教授的薪水大幅缩水，胡适的日子也不好过。记者问胡适本人的生活状况，胡适给记者算账说："去年（1946年）7月校长薪津可得28万元，折合美元100多块钱。现在虽已调整近百万元，但折合美元，每月仅得35美元。"他的秘书郑天挺补充说："胡校长每天薪水合1块2角美元。"即使这样，胡适还要靠一些银行的朋友们拆借维持生活。

几个月后，《申报》的记者采访他教育改革的计划，胡适直截了当地说："教授们吃不饱，生活不安定，一切空谈都是白费。"

1947年9月23日，胡适记录这天召开教授会议的状况："我做了两个半钟头的主席。回家来心里颇悲观，这样的校长真不值得做！大家谈的想的，都是吃饭！向达先生说的更使我生气：'我们今天愁的是明天的生活，哪有工夫去想十年二十年的计划？十年二十年后，我们这些人都死完了。'"

随着国统区经济的崩溃，物价飞涨，黑市猖獗，大学教师

的生活更加苦不堪言，甚至举行"罢教"抗议。1948 年 4 月 5
日，清华、北大的讲师教员助教联合会等联合发表《为争取合理
待遇告社会人士书》，其中写到这种悲惨的境遇："几个月来，
教育界同人除了普遍的穷困，三餐不给，儿女啼饥号寒之外，以
致弄到精神失常，以致疯狂，有的服毒，有的跳楼自杀。这些惨
状，都彰彰在人耳目。"

知识分子的境遇掉到谷底，甚至饭都吃不上，思想再保守
的人也开始向往解放，向往新社会了。

"这样的校长真不值得做！"终究是句气话。胡适给王
世杰的信中说："我愿意做五年或十年的北大校长，使学校有
点成效，然后放手。此时放手，实无以对北大同人，亦对不住
自己。"

更让胡适头痛的还是学潮。从五四运动时起，胡适对学生
运动的态度就是一贯的。一方面，他认为学生运动是学生关心社
会和政治的表现，是推动社会进步的力量；另一方面，胡适反对
学生直接从事政治，尤其反对以罢课为武器的"学运"。从 20
世纪 20 年代到 40 年代，胡适屡屡因学潮问题而站在了学生的对
立面。

到 20 世纪 40 年代末，学生运动被彻底政治化后，胡适已
无力劝说。这些年来，该说的已经说完了，无论巴鲁克、费希
特、易卜生都失去了效力。倒是法国作家罗曼·罗兰的一句话常
常让青年们联想到自己祖国的现实："我们周围的空气沉重极了，
古老的欧罗巴在昏迷中沉睡不醒。"

1952 年，中国著名学者胡适由美国应邀到中国台湾演说，国民党高官陈诚（右）到机场迎接
秦风老照片馆　供图

胡适的态度也更简单了，学生可以去搞政治，但要退学，离开学校。但他也反对政府对学潮采取强硬手段，尤其反对军警入校，与学生发生激烈冲突，以致酿成更大的惨案。

这位北大校长经常焦头烂额地奔波于北平行辕、警察局、警备司令部之间，把出事的学生解救出来。在对待学生运动的方法和策略上，胡适同国民党当局有较大的分歧。他主张通过法律手段解决，"由正规法院执行"，而不赞成动辄使用军警镇压，担心"若军警入校……必致学校陷入长期混乱，无法收拾，政府威信扫地，国内则平日支持政府者必转而支持反政府，国内外舆论亦必一致攻击政府"。

清史专家戴逸在北大时因为成绩优秀颇受胡适赏识，并曾经受邀到胡适府上做客。后来戴逸参加中共学生运动，为了在北大开展组织活动，便向胡适提出在校园搞"进步图书馆"，但胡适并不同意。不久后，戴逸因学生运动被国民党法庭逮捕，胡适马上写信救援。戴逸只在法院待了三小时就安全获释。很多年后，戴逸回忆时说："那是因为胡适还把我看做小孩子！"

胡适既不赞成学潮，又无力平息学潮，更反对政府采取强硬手段。他身为一校之长，被夹在学生和政府之间，处于党派与政治斗争的焦点中，整日忧心忡忡，如走钢丝。

胡适的外甥江丕桓后来回忆说："在1946年到1948年这段时间里，北平轰轰烈烈的学生运动风起云涌，绝大多数的北大学生痛恨国民党的腐败，向往共产党领导的解放区。胡适的观点与言论在学生中基本没有市场，他在家里主要是孜孜不倦地考证

1961 年，胡适博士由美国返回中国台湾，胡适夫人江冬秀女士前往机场迎接
秦风老照片馆　供图

《水经注》，和我们晚辈也不多谈。"《水经注》成为他暂时逃离现实的自由空间，就像当年他在美国所推崇的歌德的"镇静功夫"，每遇大事，总要找一门和现实没关系的学问去研究。

1946 年底，美国士兵强奸北大女生沈崇案发生后，胡适被推到风口浪尖上。在这一事件上，胡适少有表态地直接支持学生抗议游行，并派出法学家给予最大的帮助。但另一方面，他也力图把这一震惊北平和全国的重大事件纳入、限制在法律范围内，拒绝和反对进行政治的较量，避免让蒋介石的国民政府陷入政治被动，与美军是否撤军的问题分开。他在回答记者采访时说："此不幸事件为一法律问题，而美军退出中国则一政治问题，不可并为一谈。"

胡适的态度遭到了中共方面的严厉谴责。1948 年 2 月郭沫若在香港写了一篇题为《斥帝国臣仆兼及胡适》的文章："胡适学无根底，侥幸成名，近二三年来更复大肆狂妄。蒋介石独裁专擅，祸国殃民，而胡为之宣扬'宪法'，粉饰'民主'，集李斯、赵高、刘歆、扬雄之丑德于一身而恬不知耻。更复蛊惑青年，媚外取宠，美国兽兵，强奸沈崇，竟多方面为之开脱。"

对于这样的文字，胡适没有任何回复，他不想给批评者再提供任何子弹。

"过河卒子"

"党国"的崩溃比预想中来得要更快。1948年底，人民解放军已经包围了北平四郊。1944年他在美国和《基督教科学箴言报》记者谈话时，就表示了国共在抗战后难免一战，他也曾给毛泽东写信希望能避免这场悲剧，然而事与愿违。

在回国两年半之后，胡适又一次面临重要的选择，继续留在北平，还是随国民党离开祖国大陆？胡适的内心非常矛盾。

一方面，他认为国共内战毕竟与当年对日抗战不同。胡适认为："外患来时可以撤退，现在是国内的叛乱，怎好丢开北大不管？"而更重要的，还是他舍不得北大。北大不仅是他少年成名之地，也是他终生奋斗的舞台，是他学术救国、思想独立的载体。出任北大校长时，他便发愿，"努力给北大打下一个坚实可靠的基础"，并成为整个中国高等教育最厚重的基础，而且，他还亲自制订了一个雄心勃勃的"十年计划"。

即使离开前几天，胡适还在精心准备12月17日的北大五十周年校庆，以及《水经注》版本展览，并亲自写了一篇动情的文章——《北京大学五十周年》，回顾学校半个世纪以来的坎坷经历。

胡适是蒋介石的一枚重要棋子，是他撤退计划的一部分。蒋介石特派国民党的青年部长陈雪屏劝他尽早离开，而不希望其被中共统战。抗战时期，胡适曾写过一首著名的小诗："偶有几茎白发，心情微近中年。做了过河卒子，只能拼命向前。"蒋介石的棋已经下到残局，他这个"过河卒"该怎么走？胡适自己也非常茫然。

　　如果离开北平，他这个空头的北大校长去做什么？在一次公宴钱端升的晚会上，胡适对北大的行政领导们说起了一点他的打算：五十周年校庆之后，"想到政府所在地，做点有用的工作，不想再做校长了，不做校长时，我也绝不做哲学史或《水经注》，至于我能做什么，我自己也不知道"。也许此时胡适已经决定离开了，但对未来一片迷茫甚至灰心，甚至最后的一点爱好《水经注》的考证也不做了。学术和政治之间，他也不知道该扮演怎样的角色。

　　与此同时，中共对于胡适的统战工作也未放弃。大军围城后，中共在西郊架设广播站，对北平进行广播，其中就有对胡适的"劝留"，希望胡适留下，不要和蒋介石走，并承诺北平解放后他还做北大校长，并兼任北平图书馆馆长。这其实也是毛泽东的意思。

　　季羡林晚年回忆，有一次胡适正好在校长办公室，一个学生走进来专门向他讲了广播的事情，转达中共的意见。胡适笑着说："人家信任我吗？"

　　胡适最终没有选择留下来，根源还是他的思想本身。中国自由主义者在当时社会政治层面的选择只有两个：一个是认同、接受马克思主义，用具有时代特征的话语表达，就是回到人民中间，与帝国主义划清界限。选择这条道路，等于选择了一条接受

"说服、争取、教育和团结"的道路。按照研究者沈卫威的说法，对于这一代启蒙知识分子来说，等于让历史给他们重新确立身份。而另一条道路就是选择国民党政府。于胡适而言，无论思想还是方法，都与马克思主义相去甚远。在一个两极化的社会中，他只能继续做"过河卒子"，直到沉底。

回到 1948 年底的历史现场，当胡适决定弃北大、北平而南下时，另一大批民主人士则取道香港，北上前往解放区，准备参加第二年的政治协商会议。

12 月 15 日，胡适与妻子江冬秀乘坐蒋介石的专机离开了北平。走时极为仓促，只是留下了一张便条给北大同事汤用彤和秘书郑天挺："今早及今午连接政府几个电报要我即南去。我毫无准备地走了。一切的事，只好拜托你们几位同事维持。我虽在远，绝不忘掉北大。"他甚至没能说服二儿子胡思杜一起走，夫人江冬秀便给他留下了一些结婚用的金银。胡思杜在 1957 年"反右"运动中自杀。胡适晚年终老台湾时悲叹："我现在只有一个儿子。"

留在北平的还有一百零二箱书籍以及大量书信。他随身带走的只有《甲戌本脂砚斋重评石头记》、几册正在校勘的《水经注》，以及念念不忘的"十年计划"。

逃离北平后的第三天，就是北大五十周年的校庆，这一天也是胡适五十八岁的生日。胡适以北大校长的身份出席了南京校友举办的庆祝会。在会场上，当着很多人的面，胡适痛哭流涕，称自己"是一个弃职的逃兵"。他内心有很多感慨，最根本的仍是实现他大半生所追求的那个梦想——用和平渐进的方式推动中国社会变革——的可能性没有了，他所走的和平道路已经失败。

在这个问题上，胡适与鲁迅可能没有什么分歧。早在1934年4月底鲁迅就写信给曹聚仁说："如果天下崩溃之际，我如幸存，当乞红背心在上海扫马路。"尽管鲁迅多次写文章批评胡适甚至刻薄他，但胡适还是对历史学家周策纵说："鲁迅是我们的人。"

还是在12月17日这一天，胡适会晤了美国驻华大使司徒雷登，试探美国的对华政策。胡适告诉老朋友，他后悔前几年没有把精力放在现实政治上，而现在国民党大势已去，民众信心丧失殆尽，他打算放弃学术，去帮助蒋介石做事。最重要的是，他希望司徒雷登告诉他，对蒋介石说些什么。司徒雷登明确地告诉胡适，蒋介石失败的根源不在军事问题，而是"道德问题"，美国也无能为力。

司徒雷登悲观地认为，在政治上胡适不可能像他三十年前"新文化运动"中那样"辉煌"了。

胡适离开北平来到南京后，自我感觉是做了逃兵和难民。1949年元旦这一天，曾经的学生胡颂平去旅馆看他。胡适对他说："我现在住在这里，这座房子，这些煤，都要国家花钱的。像我这样的人，也要国家花钱招待吗？"胡颂平安慰他说："这是临时的住所。先生如能到国外去替政府做些外援工作，还是可以救国的。"胡适说："这样的国家，这样的政府，我怎样抬得起头来向外人说话！"

胡适拟订宗旨的《自由中国》创刊号

雷震与胡适

1949 年 4 月 6 日，怀着这种深深的失望，"抬不起头"来的胡适在上海登上了"克利夫兰总统号"，前往美国，为蒋介石政府争取外援。在茫茫无际的太平洋上，胡适应雷震所托写了《〈自由中国〉的宗旨》一文，作为《自由中国》杂志的发刊词。

这是胡适第六次出国，从此便一去不复返了。4 月 21 日，他在美国旧金山上岸，此时人民解放军已经进入了上海。

晚年胡适：美国、中国台湾与蒋介石

——专访台湾『中央研究院』近代史研究所所长、研究员黄克武

胡适知道从事民主改革的风险，也知道蒋介石的底线。他必须踩着底线走，希望在可能的情况下去争取最大的进步。『坐而言』与『起而行』之间，胡适选择的是『坐而言』。

胡蒋之间

李伟： 1948 年 12 月，胡适坐蒋介石的专机离开了北平。在国共两条道路的选择上，为什么他最终还是站在了国民党一边？

黄克武： 选择国民党不是一个意外。长期以来，他和蒋介石之间有密切的互动，虽然他并不完全同意蒋介石的做法，但还是愿意用"道义的力量"支持他。

胡适与国民党的关系比较长久。1927 年他从国外考察回来后就扮演国民党的"诤友"的角色。他不愿意加入政府，而是希望从独立知识分子的角度批评政府。不管与汪精卫、胡汉民的关系，还是对孙中山的态度，他都是站在一个为国家谏言，为国民党提供施政参考的角度。除了驻美大使、北大校长以及晚年担任的"中研院"院长三个职务外，他一生都是在野的身份。他参与创办了《每周评论》《努力》《新月》和《独立评论》，以及最后的《自由中国》，也都秉承了这种独立身份。

他对国民党是寄予希望的。他认为，在当时的政局之下，他与国民党的结合有更多改造中国的机会。

李伟： 寄予希望的基础是什么？

黄克武： 胡适的思想很清楚，就是倡导民主与科学。1927
年，他写《我们对西洋文明的态度》，对社会主义持肯定态度。
然而晚年在《自由中国》上发表《从〈到奴役之路〉说起》，他
就认为社会主义的倾向与他的自由主义思想间有冲突，于是开始
公开地忏悔，甚至清算自己过去的思想。这和20世纪50年代祖
国大陆形势有关，同时他也受到了哈耶克的《到奴役之路》一书
的影响。

他在政治上倡导自由民主，经济上推崇资本主义。比较能
配合他思想的是国民党的意识形态，特别是孙中山的三民主义理
论，是可以和他的自由主义的政治思想结合在一起的。

李伟： 胡适在几次历史转折关头都有过表态，就是在"道
义"上站在蒋介石一边。那么，该如何理解他所说的"道义"？
是个人交情还是立场的认同？

黄克武： 胡适与蒋介石的关系还是"道统"与"治统"的
关系。胡适认为他是知识的权威，是"道统"；而蒋介石掌握国
家权力，是"治统"。

胡适认为蒋介石对知识分子还是比较尊重的。1948年到
1958年，两个人的联系也非常频繁。蒋对胡既有精神上的尊重，
也有经济上的支持。胡适流亡海外，生活开销大，收入不多，蒋
一直资助他。他所说的"道义"上，我想是有思想的共识，也有

交情成分在其中的。尽管他们之间有很大的分歧，很多看法与做事的原则是不同的。

李伟： 1949 年蒋介石希望离开北平的胡适去美国，以民间身份推动外交，争取援助。但实际这一块的工作没有具体开展，美国的对华政策发生了巨大的改变。他这段时期的主要经历是什么？

黄克武： 胡适于 1948 年 12 月离开北平，转赴上海，至 1949 年 4 月 6 日再转赴美国定居。到美国后，胡适仍十分关心国内局势。5 月 7 日他曾应于斌、曾琦之邀，致电李宗仁与蒋介石。不久之后，胡适接到蒋介石 5 月 28 日写的一封来信，蒋在信中谈道：现时对美外交之重点在不承认中共政权为第一要务，务请胡适协助积极进行外交上的努力，以阻止美国承认共产党政府。6 月 23 日，胡适致函蒋介石，恳辞担任阎锡山内阁之外交部长。至 6 月 29 日，蒋介石又致电胡适，"甚望适之先生能先回国"出任职务。但胡适一直没有接受蒋的邀请，直到 1950 年 3 月 31 日，蒋介石续聘胡适为"资政"。此时，胡适又受聘为普林斯顿大学中文图书馆馆长。

这一年 7 月，应美国学者的邀约，胡适花了四十天时间写成一篇英文长文《斯大林雄图下的中国》，发表在美国《外交》杂志上。这一篇学术性长文参考了许多中英文一、二手材料，有三十七个附注说明数据来源，并以层层剖析的方式向英文读者详细解释 1949 年共产革命的缘由。就胡适的学术生涯来说，这篇文章是他首度以类似考证之细密功夫与法官断案的态度，针对现实问题所写成的学术著作。

通过《斯大林雄图下的中国》，胡适进行了一次学术外交。他从学者角度，对中国 1949 年的大转变进行了一次历史诠释，并将其作为自己对时代的反省，同时也对美国学术界进行了响应。这种学术上的诠释是支持蒋介石的。虽不是直接的外交工作，但对于蒋介石在台湾站稳脚跟做出了很大贡献，也为蒋的政权提供了"合法性"依据。

李伟： 胡适的观点是什么？

黄克武： 胡适认为苏联的扶植乃是中共由败转胜的关键，也是导致 1949 年祖国大陆政权易手的根本原因。"西安事变"和"雅尔塔密约"是两个关键的转折点。

他的这种观点配合了"冷战"格局，是在美苏对抗的背景下研究中国的命运。其实两个阵营的想法，在他离开祖国大陆前已经成形了，长期盘桓在他的心头。

这篇文章成为蒋介石的思想来源，后来蒋介石写的《苏俄在中国》也继承了这个思路，把苏联对中国的侵略作为中共成长以及政权易手的原因。蒋介石借此提出了一套"反共抗俄论"，此一理论后来成为蒋氏在台主政期间，对内安抚人心、对外从事宣传的重点。

李伟： 胡适离开大陆后在美国生活了近十年的时间，"外交"

四处碰壁，也没有合适的工作，生活很困难。为什么他这么长时间都没有选择回台湾？

黄克武： 1949 年到 1958 年，是胡适在美国的寂寞时光。他朋友很多，开销很大，但也没干什么大事，正事只有在普林斯顿大学管理了一段时间中文图书馆。这是流亡在外的状态，也只有回台湾胡适才能有所作为。

另一方面，他并没有很快回台湾，他想和蒋介石保持一定距离。傅斯年去世后，蒋介石邀请他回来做台湾大学校长，他也拒绝了。包括最后蒋介石邀请他回来担任"中央研究院"的"院长"，最初他也推辞身体不好。虽然胡适一直表现出对自由阵营的信心，但我想他内心还是有些彷徨的。在当时祖国大陆与台湾严重对立的时期，武力上的威胁依旧存在，他对台湾能否"守住"也会有顾虑。此外，在政治思想上他与蒋介石之间还是有芥蒂的。

因为《自由中国》杂志的事情，胡适往来台湾很多次，蒋也给予很高规格的接待。胡适一直在考虑最合适的发展平台，所以，最后选定了"中研院院长"，毕竟发展科学是他一生的信仰和目标。

李伟： 作为一个自由主义者，他在当时也是按照"冷战"思路去考虑台湾的未来。

黄克武： 胡适始终希望坚持自由主义者的角色，并且导引蒋介石朝着这方面发展。

1951 年他给蒋介石写了封长信，让蒋认识到两个阵营格局的维系，必须与发展民主自由政治结合起来。他希望蒋介石多了解祖国大陆的情况，看毛泽东的书；希望蒋向民主体制的转变方向上走；他甚至举出党内分派、派与派之间彼此制衡等方法。

胡适一直是一个妥协的自由主义者，而不是与权力、政府对着干。他不是去当自由主义的烈士，他要渐进地改革，慢慢地调整。

胡适本人的个性也是很温和的。比如在《自由中国》时期，他比较少谈反对党，只写过一篇关于反对党的文章，就是《从争取言论自由谈到反对党》。可是这一篇强调的是争取言论自由，他认为即使组织一个反对党出来，也是一个不以夺权为目标的反对党。

胡适知道从事民主改革的风险，也知道蒋介石的底线。他必须踩着底线走，希望在可能的情况下去争取最大的进步。"坐而言"与"起而行"之间，胡适选择的是"坐而言"。真正要组党和蒋介石对着干，他会很有顾忌。

李伟：胡适和蒋介石之间的分歧在哪里？

黄克武：他和蒋介石有两个矛盾。第一个是自由民主。蒋介石认为中国没有他不行，必须依靠他才有希望，而他要有所作为，必须依靠国民党统治，所以还是"党治"的做法。胡适则认为政治上必须要走自由民主的路子。

第二，两人对于传统文化的态度有所不同。蒋介石非常肯定传统文化，尤其是儒家文化。我们整理蒋介石日记时发现蒋介石读了很多中国古书，他喜欢读《宋元学案》《明儒学案》，读梁启超的各种著作，在去参加开罗会议的时候，随身带的即是梁启超的书。他对心性修养浸淫很深。他对传统的态度，用钱穆的话说是充满"温情和敬意"。胡适对于传统，则是整理国故，用批判的态度去看传统。

在这两个方面，胡、蒋二人一直是有分歧的。

李伟：对于传统的态度的差异，与胡蒋之间的政治选择的不同是否有关系？

黄克武：这恐怕是很复杂、很纠结的问题。

两者不一定有直接的关联。我倒不认为传统文化与专制政治有必然的关系。对蒋介石来说，他所提倡的传统是儒家伦理的部分，不是专制王权。在某种程度上他还号称是中山先生的信徒，而"三民主义"中的"民权主义"，很明显是倾向英美式的民主政治。

蒋介石倡导"伦理、民主与科学"，这三点形成一个三角结构，成为他建构现代国家的基本纲领。胡适讲的则是"民主与科学"，对他来说，伦理是普遍的。至于蒋介石，伦理，尤其是与传统结合的伦理，一直是他很强调的部分。后来在台湾推动"中国文化复兴运动"，包括台湾中小学都要背《论语》《孟子》《古文观止》等，与蒋介石的推动有很大关系。

而另一方面，对传统的态度与政治之间也不能完全区分。

1949 年后的台湾，文化思想氛围受新儒家思想影响很大。新儒家的代表人物钱穆、牟宗三、徐复观和蒋介石的关系都非常好。蒋也待之如国师，提供很多资源。包括钱穆在香港办学，也得到了台湾的资助。当时，新儒家学者在维护传统、维护中国文化和反共方面与蒋有共识。蒋介石是有文化理想的人。他对传统的维护，有纯然教育、学术的部分，整个台湾中小学、大学教育都受其影响，但和政治又是纠结在一起的。

李伟： 如果从蒋介石看胡适，他希望胡适回台湾后承担怎样的角色？

黄克武： 当时胡适是中国最有名望的知识分子，他的学术领域非常广泛，很少有学者能横跨历史、文学、哲学、佛学等。可以说，除了艺术以外的人文学科他几乎都触及了。从学术的广度，从对西方文化的了解，在当时中国知识界不作第二人之想。此外，他担任过驻美大使，有过从政的经历。

蒋介石之所以给胡适很高的礼遇，在于他们有可以合作的可能性。两个人有重叠的部分，能够彼此帮忙。没有蒋介石，胡适也没有舞台。

虽然蒋介石在日记中也会痛骂胡适，但日记是他抒发内心不满的地方。而且蒋介石认为发展科学是非常重要的，希望胡适能协助推动这方面的进展。此外，胡适和美国的关系非常好，美国的政治人物对胡适的信任度还是比较高的。后来，胡适作为"中研院院长"多次去美国访问，由此可见蒋也希望利用胡的国际声望来稳固其政权。

不做大哥

李伟： 但我们看到，后来《自由中国》杂志成了蒋介石与胡适的冲突焦点。《自由中国》是胡适办的最后一本杂志，在早期担任发行人，而且在离开祖国大陆的船上写下了办刊宗旨，这是他晚年最重要的一项事业。在办杂志的过程中，胡适的态度是否有变化？

黄克武：《自由中国》杂志形成了一个自由主义知识分子的团体，重要的人物包括雷震、殷海光、傅正等。早期，胡适是《自由中国》的领袖，是发行人，而胡适本身也是喜欢热闹的人。在杂志的早期，胡适发挥了重要的作用，表现出很强的批判力。

但是到了杂志后期，自由主义的言论和蒋介石的冲突日益尖锐，胡适的批判态度就逐渐转弱了。他不愿意与蒋介石有直接的冲突。该如何评估这种转变？是好是坏？有一派认为，你胡适不当烈士谁当烈士？你不做领头大哥谁来做？我认为这是《春秋》责备贤者了。我想胡适内心是不愿自由民主的改革走得太急，过于急躁，会成事不足而败事有余。前面的努力如果白费，反而会急速倒退，因此胡适不愿意太过激进。

李伟： 1951年《自由中国》发表了《政府不可诱民入罪》，

后迫于当局压力又发表了《再论经济管制的措施》，以"息事宁人"。1952 年，胡适为抗议国民党打压言论自由，辞去了发行人的职务。该如何看待胡适辞职的目的？

黄克武： 从某种意义上说，这也是和《自由中国》逐渐划清界限。胡适不愿意在政治上更冒险，尤其是在 1958 年之后，他担任"中央研究院院长"，就是官员了，他也要好好拿捏自己应扮演的角色。

胡适对《自由中国》之后的《文星》杂志也抱持类似的态度。1957 年《文星》创刊后就写信给在美国的胡适，请他支持，但从来没有得到胡适回复。直到 1958 年 4 月，胡适回台湾之后，还是不回信。此时，他刻意和这些更激进的知识分子保持一定的距离。

李伟： 回到台湾，在理想与现实之间，胡适是否陷入了一个更分裂的境地？

黄克武： 1954 年，胡适回台湾支持蒋介石连任，同时也在支持雷震的《自由中国》。这真是一个非常微妙的角色。

他会参与雷震的活动，在各地演讲，在"雷震案"发生的时候，也能够发表强硬的但又不过度尖锐的看法。站在自由主义的角色上，他对于自由、民主的坚持从没有放弃。但是他认为这种理念的实践必须要有政治上的支持，所以，他愿意在政权上支持蒋介石。他认为只有蒋作为领袖，才能维持台湾的稳定。

李伟： 在组织反对党的问题上，胡适也是很有保留的。

黄克武： 这也是《自由中国》内部对他的不满。我们最近出版了《傅正〈自由中国〉时期日记选编》。傅正是《自由中国》的重要成员，在"雷震案"中被判刑三年。其实从 1958 年起，《自由中国》社第一线的知识分子就对胡适很有意见。他们批评胡适行动力弱，不愿做"带头大哥"，作为中国最有影响力的自由主义者，却不愿出来组党。很多人说胡适有懦弱的本质，在"雷震案"中就表露无遗了。

李伟： 1960 年"雷震案"对台湾的自由主义运动产生了很大的打击，此时胡适的态度受到了很大的争议。

黄克武： 雷震以"为匪宣传"和"知匪不报"的罪名被判入狱十年。胡适对此是非常有意见的。他在日记中写道，这么重大的案子，八个小时就结束了，实在见不得人，抬不起头。同时他认为，"雷震案"在国际上的影响与国际宣传都是非常负面的。

而另一方面，胡适没有真正站起来为雷震说话。他认识到案子的不妥，但没有强烈抗议，或者用激烈的态度去抗议。他也联名写信，要求蒋介石特赦雷震，但并不是高姿态的对抗。这也符合胡适一贯的性格。他是不做烈士的，"留得青山在，不怕没柴烧"，死了什么都干不了了。

李伟： 蒋介石选择胡适不在台湾的时候办理"雷震案"，

1952年，雷震一家在台北合影。雷震（1897-1979），浙江和兴人，早年留学日本，毕业于日本帝国大学。回国后投身政治，历任国民参政会副秘书长、"政治协商会议"秘书长、"制宪国民大会"代表兼副秘书长、"行政院"政务委员、"总统府"国策顾问等要职，与胡适等人创办并主持《自由中国》半月刊。因其政治理念与国民党威权体制南辕北辙、迥然不侔，成为统治当局的政治上最大的敌手，而遭到政治构陷，成为蒋介石的"阶下囚"。雷震一生怀有"知其不可为而为之"的勇气，写下战后台湾民主宪政发展史上不可磨灭的一页。

秦风老照片馆　供图

在时机上，是有特殊的考虑吗？

黄克武：我想，在这件事上蒋介石是不会斤斤计较的，他认为自己在"雷震案"上有完全的操控能力。

蒋介石的"党国"意识很强，而当时祖国大陆的战争威胁很大。他认为《自由中国》再这么闹下去，如果他不当"总统"，他们都要用人民币了。所以最后用的是"为匪宣传"和"知匪不报"的罪名，还是两岸格局下的判决。另一方面，他也会觉得，这些自由主义知识分子对他的统治和权力稳定性提出了挑战。

李伟：其实在"雷震案"后两年胡适就去世了。他没有去监狱看望雷震，而是抄了一首诗送进去，就是杨万里的《桂源铺》："万山不许一溪奔，拦得溪声日夜喧。"这段时间胡适身体状况也很差，很长时间住院。"雷震案"对晚年胡适的打击是不是很大？

黄克武："雷震案"后，胡适的精神上很悲观，身体也不好。我想，他对自由民主的制度性改革感到忧心忡忡。他认为蒋介石对政治的控制还是很强硬。虽然他知道自由与民主是世界发展的趋势，但包括党内分派、反对党的成立等问题都没有清楚的走向。他最后两年还是花了很多精力在推动"中央研究院"的科学发展上。

胡适在生命的最后一天——1962 年 2 月 24 日，在"中研院"蔡元培馆致辞的时候，也是在谈这个问题。"五四"以来的民主与科学如何在台湾生根？他到死都在担心。他在参加会议之前说，身体不好少说两句。到了会场，说太太不在，多说两句。最后因为情绪比较激动，引发了心脏病，鞠躬尽瘁。

李伟：《自由中国》对于台湾的思想领域后来有怎样的影响？

黄克武：当后来的自由主义知识分子再去向蒋介石抗争时，他们所汲取的资源就是当初《自由中国》时期所谈的问题。这些思想遗产影响了后来的自由主义运动。

1979年，代表台湾本土势力的《八十年代》杂志编辑了《自由中国选集》，讨论"地方自治"、"司法改革"、"反对党"等议题。当《自由中国》和《文星》向前冲的时候，胡适、雷震、李敖都是外省知识分子，他们所宣传的理念带动了本土政治意识的兴起，两者之间的联系十分清楚。

本土派知识分子对于国民党的抗争，我们叫作"党外运动"，他们所汲取的资源就是《自由中国》与《文星》中所讨论的一些理念。蒋介石在判雷震的时候，党外抗争还没有起来。尽管如此，当时蒋对台湾本土政治派别是比较忧虑的。《自由中国》讨论的这些问题——包括"反对党"、"司法改革"等——都是非常敏感的政治议题。蒋介石非常清楚，如果让这些问题浮上台面，他的政权就有可能非常不稳定了，本土势力、国际势力、外省势力就会在台湾角逐政治权力。

本土政治意识是由《自由中国》带动的，登上言论平台则是在20世纪70年代中期开始的。他们的政治主张还是自由民主，但在政治上走向了不同的方向。

李敖也是从这个年代走出来的，不断批判国民党，对后来党外运动的发展起了推动作用，但李敖绝对是一个大中国主义者。

对胡适的"围剿"

李伟：胡适自己说一生都被别人骂。到了晚年，"围剿"胡适的阵容甚至更强了，既有国民党内部意识形态上的"围剿"，也有文化保守派知识分子激烈的论战，其中"国防部总政治部"甚至发布了《向毒素思想总攻击》的小册子，称自由主义为毒素思想，如临大敌，背后的原因是什么？

黄克武：《向毒素思想总攻击》体现了"党国"统治与自由思想之间的分歧。20 世纪 50 年代，台湾面临战争威胁，进行了多次炮战，军事武装冲突的压力高悬于上。在"解放台湾"的压力下，蒋介石会很紧张。为了解除威胁，一些国民党核心人物认为不能走自由主义的路线。

这背后根本原因，就是对待"大我""小我"的关系，这是双方对于自由本身的争议焦点。

自由主义者追求的是自我，是"小我"的权利保障。个人的自由是国家存在的前提，认为政治、社会体制是为了保障个人的权利而存在。而另外一个观点认为，"大我"优先于"小我"，

1961 年，台北，在书房中会见友人时一脸笑容的胡适

秦风老照片馆 供图

没有"大我"哪有"小我"。而群体"大我"的维系，则是要靠"党国"体制的稳定统治，保证安定与生存。当时蒋介石也是这么想的。他认为这些自由主义打破了社会凝聚力，涣散军心。

李伟：这么说，当时自由主义与政权稳定性之间构成了冲突？

黄克武：从自由主义者的角度看，是没有这种冲突的。他们认为只有这套制度，才能保障个人自由；而保障个人自由才是国家存在的前提与原因。这是两套不同的想法，直到今天依旧有交锋。

李伟：另一方面，胡适在思想文化上也面临着传统知识分子的讨伐，措辞甚至是非常激烈的。

黄克武：1958 年胡适从美国回中国台湾后，引起的最大浪潮就是"中西文化论战"。胡适在《文星》上发表《科学发展所需要的社会改革》，提出回到"五四"的命题，中国要发展科学，必须要面对中国文化中的缺点。胡适认为中国文化不具备发展科学的精神基础，他批评中国文化"没有灵性"或少有灵性。

徐复观等一些知识分子难以忍受，于是"污蔑中国文化"这样的罪名就套上去了。所以对胡适的批判，是在"中西文化论战"的架构中展开的，讨论的焦点还是延续"五四"的"全盘西化"的问题。

这也是 1949 年后台湾文化中的有趣现象。在中西文化的论

战中双方势均力敌，不像"五四"时期新派全面压倒传统。肯定
传统的一派，与西化派——胡适、李敖等一直处于动态辩论中，
共同构成了当代台湾文化活力的重要部分。

怎样解决中西文化、传统现代的关系？双方在辩论中去寻
找一条台湾发展的道路。"五四"与"反五四"的不断激辩，形
成了台湾文化发展的内在动力。台湾今天的文化状态与这场讨论
有直接的关系。胡适当时把这个话题完全挑开了。

李伟：其实论战双方也是有共识的。

黄克武：胡适和李敖挑起辩论后，双方唇枪舌剑。中西文
化的大论战主要是在自由主义知识分子内进行的，也包括徐复
观、胡秋原这些强调民族主义的知识分子。

但是到了 1962 年胡适去世，双方又暂时和解了，共同肯定
胡适的功绩。双方在争取言论自由、争取建立自由民主制度上，
是有共识的。

论战的结果，就是"五四"以来的"民主"与"科学"形
成了共识，在肯定民主与科学的前提下，提出"继往开来"的文
化精神。当时即使传统派，也是钱穆与牟宗三的传统，他们和
"五四"精神没有太大区别，他们希望把自由民主的架构与中国
传统文化价值连在一起。所以，牟宗三主张开出一个新的"外
王"。传统派的目标也是追求自由、民主、科学，这一点双方没
有分歧。只不过在过程上，新儒家认为需要接引传统精神资源作
为实现民主与科学的精神基础，而不是反科学、反民主。

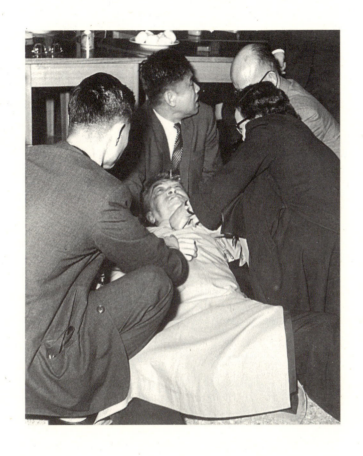

1962 年，胡适在宴会上晕倒

秦风老照片馆　供图

台湾没有经历一个巨大的文化变迁和断裂，即使 1949 年祖国大陆政权易手，台湾也是以传统为根基发展的。"继往开来"，最能体现台湾的文化精神。这四个字，是从民国初年到"中西文化论战"中激辩出来的。

自由主义之路

李伟： 胡适为什么晚年特别强调容忍的重要性，提出"容忍比自由还更重要"的命题？

黄克武： 在自由主义理论上，容忍或妥协和自由的关系一直是重要的命题。这种强调妥协的理论，胡适从去美国的时候就开始接触了。刚到康奈尔大学读书时，他的好友韦莲司对他的思想有重要的影响，介绍了很多古典自由主义的书给他，其中有一本就是毛莱的《论妥协》（*On Compromise*），在自由主义理论范畴里强调容忍异己的重要性。

胡适晚年讲，"容忍比自由还更重要"也有特殊的目的，这是对当权者蒋介石提出来的，强调拥有权力的人要更能容忍。这里含义很深，如果拥有权力的人不容忍，对自由的伤害会很大。当权者要给思想、言论自由留出生存空间。

李伟： 自由主义在中国的传播与发展，胡适起了怎样的作用？

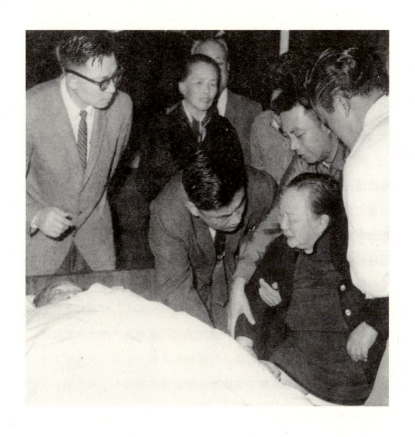

1962 年 2 月，胡适在台湾突然病倒，夫人江冬秀（右）及子女悲痛不已

秦风老照片馆　供图

黄克武： 自由主义在中国的发展从清末才开始，如果从严复开始计算的话，也就是从 19 世纪最后几年到 20 世纪初。"自由主义"这个词的出现，最早是在 19 世纪 80 年代，日本文献中首次使用这四个字。到了 1900 年左右，严复翻译密尔的《论自由》，才首次将西方自由主义思想引进到中国来。到今天也只有一百多年。

胡适在中国自由主义的历史脉络上是非常重要的一环。先是严复、梁启超，接下来就是胡适，然后是殷海光等人。严复与梁启超之后，胡适扛起自由主义的大旗，进入成为国民党的"诤友"的过程。胡适有到西方读书的直接经历，所接触的是第一手的英美自由主义，而不是像梁启超从日本转手吸收的，所以他对自由主义的认识也比梁启超要更深入。

胡适不仅在自由主义的引介上超过上一代，更重要的是用自由主义的立场进行政治批判。特别是在《独立评论》时期，他对于国民党训政的批判，对于人权问题的提出，这些自由主义的实践是严复、梁启超所没有的，因此对自由主义的发展形成了广泛的推动。

1954 年，他在《自由中国》杂志社进行了关于自由主义的演说，当时谈到了哈耶克的《到奴役之路》。此时，他的自由主义的理论和实践又加入了哈耶克关于资本主义经济的论述。所有的中国自由主义者，都尝试做一个理论上的调整，使自由主义适合中国的发展。在这个意义上，胡适也是延续了这些思考。

在对于胡适的历史评价中，李敖的《播种者胡适》非常有代表性。他认为胡适一生的成就不是学术而是启蒙，他在政治参与、思想启蒙上都有重要的作用。

李伟：胡适的一生并不长，却见证了自由主义的一路坎坷。

黄克武：整个 20 世纪，自由主义在中国不断经历着挫折。

清末民初的变革，共和制度的建立，是自由主义思想推动的一个结果。辛亥革命成功，背后的一个根源是 19 世纪三四十年代，清末知识分子引入西方民主自由的观念，为晚清革命志士奠定了思想的基础。中国人开始能够想象专制体制之外还有一种体制，叫作民主共和。

但辛亥之后历史进程非常曲折。自由民主的实施，很多人会讲到社会条件，比如教育的普及、中产阶级的出现、国民所得的增长等，但这些因素在辛亥之后的中国基本不存在。军阀混战、日本的侵略、国共内战，在整个 20 世纪很长的时期内缺乏实施民主自由制度的社会条件，没有一个安定的社会秩序。

20 世纪，在救亡的压力下，对中国知识分子最有吸引力的仍是一套有清楚蓝图、有行动纲领的解决方案。国共两党都尝试走这条路。无论马克思主义还是三民主义，都有蓝图、有具体的实践方式、有政党、有军队、有组织、有时间表和路线图。

但胡适没有纲领，他有自己的主义，不过这个主义是非常笼统的意见，是逐渐改善的过程。所以他的思想不吸引人，也是可以想象的。

李伟：现代自由主义思想是从西方舶来的，其落地生根是否也存在着一定的文化障碍？

黄克武： 我们引介自由主义最难触碰到的、最难引进中国文化土壤的，就是它背后的认识论。这是一种相对主义的哲学，即真理不是那么清楚，你可能对，我可能错，经过我们合理的讨论，我们可能会找到一个比较合理的路径，但也并非一定就是正确的。民主政治之所以采取制度的制衡，有其背后的认识论基础，认为在人文世界中不会有一个像科学一样精确的答案。这个认识论的基础，在自由主义引进时是不被强调的。

其实胡适讲容忍也是这个意思，也认识到了这个问题。他后来也讲到中国传统中"善未易明，理未易察"的概念，但是没有上升到理论层次来思考。我想这种对于自由主义背后的哲学认识论的移植所引发的问题，需要更清楚地认识。

被四面夹击的胡适

在一个不断两极化和激进化的社会中，胡适试图去寻找一条超越阶级斗争、和平独立的发展道路。他致力于学术独立，科学救国，以至于每次重回北大都带着一个雄心勃勃的长远大计。然而，时代偏偏无法给他一个正面求证的机会，他也无力给自己创造任何机会。

胡适之死

胡适的墓位于台湾省台北市东郊南港，在"中央研究院"对面的一座小山上。这个地方叫作"胡适公园"。胡适和妻子江冬秀、长子胡祖望就葬在这里，他可以日夜眺望着生前工作的地方。

墓的上方是蒋介石的题字"智德兼隆"。墓志铭是他的学生、历史学家毛子水所写："这个为学术和文化的进步，为思想和言论的自由，为民族的尊荣，为人类的幸福而苦心焦思，敝精劳神以致身死的人，现在在这里安息了！我们相信，形骸终要化灭，陵谷也会变易，但现在墓中这位哲人所给予世界的光明，将永远存在。"

1962 年 2 月 24 日，是胡适生命的最后一天。到今年，他已逝世五十一周年。胡适故去时七十二岁，算不上高寿。在生命的最后时刻，他倒在了工作岗位上，鞠躬尽瘁。从传统士大夫的角度看，无疑是个完美的终结。

那天台湾"中研院"举行选举，七名新院士当选。院士们发言后，胡适提出了一个问题："五四"以来，科学精神为何还未生根？大家议论过后，胡适说了自己的想法："几十年的政治变动，八年抗战，十年内乱，使我们的好多梦想未能实现。"随后，他又把话题引到另一个方向：言论自由。他称台湾的言论比以前自由了，已经有两百多种杂志了，在"检察院"也有"一帮老先生老小姐聚在一起讨论批评"。

胡适这番话有些言不由衷，其实他想讲的是民主。"科学"与"民主"是"五四"思潮的主题，这两面旗帜胡适已经举了四五十年，从未放下。他讲完了"科学"未能生根，自然会说到"民主"怎样落地，但此时话到嘴边，胡适也不得不留了半句。

当时在场的研究员张朋园后来写道："那时候台湾的蒋介石政权还不容许在公开的场合批评时政，民主话题还是禁忌，不得不以言论自由敷衍一下。"但这样的迂回，欲言又止，实在不是滋味。胡适有点儿激动，也许身体已经感到不适，就打住了话头说："好了，今天就说到这里，大家再喝点儿酒，再吃点儿点心，谢谢大家。"

此时正是 18 点半，有人上前与胡适话别。忽然胡适面色苍白，摇晃了一下，仰身向后倒下，旁边的钱思亮伸手扶他，但已经来不及了。胡适的头碰到了桌沿上，身体倒在了地面，从此再没有醒过来。这是胡适第四次心脏病发作，抗战期间他在美国做大使，听到丢了汉口之后，心脏病第一次发作；第二次发作是在听到广州沦陷，中国彻底失去了出海口这一消息之后；第三次发作在他去世之前一年多，住了很长时间的医院，无法工作。

这是胡适先生的墓。

生於中华民国纪元前二十一年，卒於中华民国五十一年。为思想和言论的自由，为民族的尊荣，为人类的幸福而苦心焦思，敝精劳神以致身死的人，现在在这里安息了！

这个为学术和文化的进步，

我们相信，形骸终要化减，陵谷也会变易，但现在墓中这位哲人所给予世界的光明，将永远存在。

中央研究院胡故院长適之先生治丧委员会立石

中华民国五十一年十月十五日

胡适友人手文在胡适墓碑上的撰言[1]

秦风老照片馆　供图

1　中央研究院是民国时期中国最高学术研究机关，墓碑中的"中央研究院"是现中国台湾地区最高学术研究机关，直接隶属于"总统府"；"中华民国五十一年"为 1962 年。

胡适死后，周恩来说："胡适是带着花岗岩脑袋去见上帝的。"换作李敖的表述则是："四十年来，能够一以贯之地相信他所相信的，宣传他所相信的，而且在四十年间，没有迷茫，没有'最后见解'的人，除了胡适之外，简直找不到第二个。"尽管李敖所写的《播种者胡适》引起了一场关于胡适评价的论战，但是胡适思想的统一与坚定却是没有人反对的。

胡适可能一辈子都没有得到他所说的那种真正意义上的自由——说话的自由、政治的自由、信仰的自由——但是他一生都在追求这样的自由。正因为这种几十年来的持之以恒，胡适的名字才成为一个文化象征，代表着科学、民主、思想自由、言论独立、怀疑精神与实事求是、为真理而真理、社会改良与文化改造、健全的个人主义等价值。

胡适的"非典型性"

胡适的一生都包夹在论战、攻击与争议之中。除了新文化运动时期，他几乎和所处的每一个时代和阶段都发生了全方位的摩擦。他不断抗议也不断妥协。事实上，胡适的脾气很好，不然也就不会有"我的朋友胡适之"之说。他性格中几乎找不到反叛的因素，而这种影响则来自他的母亲。胡适的母亲几乎就是一个"非暴力不合作"的典范，总是用自己的隐忍和耐心化解大家族中所有的矛盾。

1962 年，胡适出殡，台北万余人送行
秦风老照片馆　供图

1928 年 10 月，英国著名翻译家亚瑟·韦利（Arthur Waley）在《北京导报》上发表了一篇文章，赞扬胡适是当世六大天才之一。

他说："首先，他绝顶聪明，可以说是当今世界上最聪明的六个人之一。同时，他天生异类，他的思考模式完全是欧洲式的。任何人只要跟他做几分钟的交谈，就会心服口服。说他的聪明绝不只是教育和后天的产物，而只能说是天生的禀赋。"

韦利得出了一个有趣的结论，胡适不是中国知识分子的典型，"他压根儿就不具代表性"。换句话说，胡适和同时代的其他知识分子有很大的分野，尤其是在"思考模式"上。他既有别于鲁迅、钱玄同等留日派，也不同于和他有相似经历的蒋廷黻、丁文江、梅光迪等英美同学。当然，他与后者的共识更多。韦利也对此感到困惑，所以他认为胡适是个天赋异禀的奇葩。所以，不应该把胡适当作那个时代知识分子的典型来研究。

在这种观察下，胡适与时代的紧张关系有了一个很好的解释。因为他几乎就是不属于当时中国的人。但胡适又并非是一座孤独的象牙塔，正是因为他的特质、他的稀缺性，才使他在新文化运动中成为破壁者，并在不断争议中成为一个时代的前瞻者与风向标。而他的格格不入，又使他不断陷入被夹击的中心。

因为他的不同，他给中国社会与思想界带来了新的空气。胡适订定了当时中国史学、哲学、文学研究的议题、方法和标准；作为白话文学的作者和批评家，他不只是推行了白话文，而且从根本上规范了新文学的技巧、形式、体例与品位；作为一个政论性杂志的发行人、主编、撰稿人，他塑造了舆论，设定了时代的话题；作为中国教育文化基金会最具影响力的董事，他通过拨款资助，让某些特定的学科、机构和研究人员得以出类拔萃。

而更重要的是，他把"自由主义"从书本搬到了现实中，形成了一场持久的社会运动。他以怀疑精神，推动理性觉醒，形成独立人格；以杂志为舆论平台，倡导自由、容忍、多元的价值谱系；通过个人影响力反对独裁，推进民主政治的形成。而他所有的努力，又都处于20世纪上半叶自由民主低潮而专制主义时髦的时代。尤其是他的朋友们都开始为各种专制独裁鼓吹时，他依旧恪守着自由主义的理想。

在胡适周边，形成了一个个具备现代知识分子特征的新团体，包括努力社、新月社、独立评论社以及在台湾的自由中国社。在每一个圈子中，他都是天然的核心。胡适借此又帮助中国刚刚形成的知识分子们创造了一种新的传统——自由主义传统。

刘东在《衰朽政治中的自由知识分子》中对这种传统进行了有趣的描述："他总是号召积极参与公共事务，但又总是注意保持个人的独立地位；总是珍重自己对政治的发言权，但又总是超乎政治之外地不愿付出卷入其间的代价；总是强调个人的独立判断能力，但又总是愿意以社会共同利益为准绳；总是批评社会的种种弊端，但又总是保持一种温和节制的态度；总是和现存的政治组织离心离德，但又总是尊重和利用现行的法律秩序；总是要求社会制度的不断改革更进，但又总是不赞成使用激进的手段；总是祈望人类历史的不断进化，但又总是渴望看到这种进步能够取道于缓慢的调整；总是在内心深处对人的生存状态怀有强烈的价值理想，但又总是倾向于在现实层面采取审慎的经验主义方法……他在小心翼翼地、左右为难地维护着个人的自由。"

这种特质性，一方面来自他的美国留学经历。去美国前，胡适还承担着那个时期青年人普遍的救国压力，以及强烈的民族情绪。而他的学问之路，甚至也是一种革命的需要。他在《四十自述》中回忆，十七岁那年，中国公学里的同盟会曾经商量过，"大家都认为我可以做学问，他们要爱护我，所以不劝我参加革命的事"。大概，当时的革命家们还不敢自信可以包治百病，所以还愿意跟朋友订下"我去革命，你来建设"的合约。

而到了美国后，胡适逐渐从民族救亡的危机中解脱出来，开始自由生长。他很快就改变了专业，从以实业救国为目的的农业转到了自己喜欢的哲学。翻一翻胡适的留学日记，就可以发现他当年的阅读有多么庞杂，活动有多么丰富。他既读《左传》《荀子》，也读柏拉图、培根、司各特、大仲马、狄更斯的作品和各种俄国小说；他读莎士比亚的剧本《罗密欧与朱丽叶》《麦克白》《李尔王》《亨利四世》；他读谢灵运、杜甫、王安石，也读弥尔顿、济慈、歌德、海涅；他还读美国的《独立宣言》、林肯的《葛底斯堡演说》。他研读拉丁文、法文、德文，寻找各种原版作品。他仔细阅读了自由主义的经典——密尔的《论自由》、和平主义思想家安吉尔的《大幻觉》。

他进入到基督教家庭中生活，并亲身参与到美国大选中。他研究"罗氏议事规则"，去华盛顿旁听国会，在纽约州的伊萨卡观察地方议会的运行，担任康奈尔世界学生会的主席，并出席国际学生大会。他坐着火车到美国各地去进行演讲，东至波士顿，西到俄亥俄的哥伦布城。他与各国的同学、教授讨论问题，每天都要写一两封信给朋友们。

这种复杂的学习内容、丰富的社会活动经历，不仅是国内青年无法想象的，甚至也是同时代赴日留学生们所无法企及的。胡适在一个最现代化国家的黄金时代中摸爬滚打，浸淫在规范化的民主政治体系中，很快他就摆脱了狭隘的民族主义，登上了更开阔的舞台，从世界文明的角度观察思考中国。某种程度上，他已经成为一个世界主义者。

而稍早留学日本的鲁迅，成长环境完全不同。他的整个留学生涯始终处于日俄战争的阴影中，以弱国子民的心态吸收了转手而来不成熟的"民主制度"，最终在民族情绪的爆发中，发现拯救国民性的重要。因为，"凡是愚弱的国民，即使体格如何健全、如何茁壮，也只能做毫无意义的示众的材料和看客，病死多少是不必以为不幸的"。不同的成长环境，使胡、鲁二人最终走向了不同的发展方向。

而另一方面，胡适的特质性来源于回国后的复杂经历。从1917年到1962年，胡适无论在文化史、思想史、学术史或政治上都一直居于中心位置，他一生触角所及比同时代任何人的范围都更广阔，因此他观察世界的角度自然也与众不同。

1948年离开北平时，胡适留在东厂胡同寓所的物品中共有五百多封信件。往来的对象，几乎涵盖了国共两党的主要领袖、军政要人，从蒋介石、汪精卫、李宗仁、张群到毛泽东、周恩来、恽代英、张闻天等，民主人士包括宋庆龄、罗隆基、黄炎培等等。学界、教育界、文化艺术界的往来对象更是名流荟萃，灿若星辰，无从举要。无论政治立场还是学术派别有怎样的差异，至少他们都曾有一个"我的朋友胡适之"。

中国社科院研究员耿云志是国内研究胡适的权威，也是胡适档案的主要整理者。他说："可以毫不夸张地说，细心阅读这些书信，广泛查阅有关资料，在《胡适与×××》的题目下，可以写成数十本有价值的传记著作。"

至于在国外，仅在大使任内，往来冠盖，有美国总统罗斯福、美国国务卿及其司长，各国驻美使节、美国名流与富豪显贵、访美的王公将相，也不胜枚举；学术上，往来唱和的有杜威、罗素、王国维和梁启超。

在20世纪上半叶，胡适是一个交通枢纽般的人物，他所获得的信息量与视野是同时代中国人难以达到的。他的个人世界也是整个时代的缩影。所以，胡适并非一个不识时务、思想迂阔的书生。

恰恰是因为他的特质性，才使他显得如此突兀，以致"不合时宜"。他的"非典型性"使他总是陷入角色的紧张中，无论作为校长、舆论家、政府顾问，都会挑起争议。而一旦脱去这些职务，回到日常生活中，他又成为一个笑呵呵的好人——"我的朋友胡适之"。

胡适年轻时写过一首白话诗《老鸦》，把自己比喻成告人凶吉但遭人讨厌的一只"老鸦"，终不肯"呢呢喃喃讨人家的欢喜"。"天寒风紧，无枝可栖。"胡适一生都感到自己孤独与寒凉，在现代中国的政治生态中，找不到可以栖息的树木，但他不肯放弃号呼而鸣的天赋职责。

如同北洋大学学生陈之藩给胡适的信中所说："过渡时代的人又生在这样一个国家里，任务太艰巨了。"

秩序与共识

胡适所处的时代，是一个庞杂而混乱的格局：它是一个最原始的角斗场——军阀割据；面临着最深重的灾难——亡国灭种；陈列着最肮脏和丑恶的黑金裙带——四大家族；却模仿出最现代化的政局结构——民主共和；上演着最时髦的政治理想赛跑——法西斯主义、社会主义和无政府主义；做着最美好的设想——乌托邦梦幻；寻找着最根本的方法——彻底解决。

中国的发展似乎进入了一个死循环，用胡适的话说就是："兵化为匪，匪化为兵，兵又化为匪，造成一个兵匪世界而已。"

胡适给这个时代开出的药方，其实是一个态度——"七年之病当求三年之艾。"这句话在梁启超的《政治家之基础与言论家之指针》中也说过，胡适曾经在日记中大篇幅地抄过其中的内容。其典故来自《孟子·离娄上》，要治病，必须要有三年的时间蓄积药材（艾草）。胡适眼中，中国得了一场大病，必须要有

胡适在实证主义思想家杜威的画像之前
秦风老照片馆　供图

时间诊治，准备药材，这是治本的路。

在当时那种危如累卵的局势下，人们听到胡适这话，可以说是急性子碰上了慢郎中。胡适认为，急也没用，如果三年都没耐心，不如坐下来等死。退一万步，这种态度即使不能立竿见影地救亡，却也能慢慢地为中国造下"不能亡之因"。

所以，胡适回国后首先做的并非制度性设计，而是推动人的独立，不遗余力地倡导自由、独立、怀疑、宽容的价值谱系。他认为，争个人的自由，就是争国家的自由；没有个人的觉醒与解放，就没有民族的觉醒和解放。他甚至下定了用二十年的时间做"思想基础"的决心。

在方法上，胡适以法治为解决政治问题的基本点，主张和平转移政权，反对暴力革命。他痛斥旧社会的罪恶，并致力于呼唤改造旧世界。但他认定改造旧社会、创造新世界的理性道路只有一条，就是呼唤民众和平抵制。他毕生从事的便是催发思想的觉醒和抵制专横的压迫。

他认为凡是用暴力推翻的，结果还是暴力。所以他始终对"革命"——这个20世纪最时髦的词语——保持警惕。他甚至认为，革命的结果必然是"革命尚未成功"。他的老师杜威就说过，社会的进步本质上是"零售生意"，而不是"批发买卖"；社会的发展本是个极其缓慢的过程，毫无捷径可走。

在20世纪的中国，胡适是始终对民主不曾失去信心的人。当30年代民族危机已经淹没了民主自由的追寻时，他的自由主义的同志，包括丁文江、蒋廷黻、钱端生等人都在政治上倾向于

"专制""独裁"了；在经济方面，翁文灏、钱昌照等人也认为
只有倾向于"独裁"或"专制"，才有利于有计划的工业建设；
而胡适在当时是唯一坚持民主和法治的人，也是宪法、宪政最坚
定的鼓吹者。他认为个人的生命无论如何长，总比不过基础巩固
的制度。胡适在这方面的努力和关怀，用他自己喜欢说的话是
"功不唐捐"。

但问题是，时代的形势与人们的耐心是否可得？如鲁迅说：
"改进最快的还是火与剑。"

今天抽离来看，那个时代患的是一种"综合征"，既需要
泻，又需要补；既需要开刀手术，又需要慢慢调理。任何一个专
家，即使做尽了他力所能及的事，也不可能独力回天。然而，这
无论如何也构不成嘲笑胡适的理由，因为社会的兴旺发达，端赖
其每个成员各从不同的角度对它进行自觉效命和积极参与，否则
就是"同则不济"。

但胡适的悲剧就在于，在一个衰朽的政治中，偏偏要去做
一个只有在正常有序的政治中才能发挥作用的自由知识分子。他
认识到了自己在一个合乎理性的民主制度下应该扮演的角色，却
看不出自己在一个不合理性的专制制度下应该何去何从。他过多
地寄希望于舆论的监督作用，却没有想到在一个不尊重公意的政
权眼中，舆论是可以置之不理的。

在一个不断两极化和激进化的社会中，胡适试图去寻找一
条超越阶级斗争、能和平独立的发展道路。他致力于学术独立、
科学救国，以至于每次重回北大都带着一个雄心勃勃的长远大

计。然而，时代偏偏无法给他一个正面求证的机会，他也无力给自己创造任何机会。

就像美国学者杰罗姆·格里德所说的："自由主义在中国的失败，并不是因为自由主义者本身没有抓住为他们提供的机会，而是因为他们不能创造他们所需要的机会。自由主义之所以失败，是因为中国那时正处在混乱之中，而自由主义所需要的是秩序。自由主义的失败，是因为自由主义所假定应当存在的共同价值标准在中国却不存在，而自由主义又不能提供任何可以产生这类价值标准的手段。它的失败是因为中国人的生活是由武力来塑造的，而自由主义的要求是，人应靠理性来生活。"

胡适的成功在外部有赖于秩序与共识，而在那个年代，秩序与共识却是中国最稀缺的资源。当人们对现状的耐心消耗殆尽时，革命便成为主旋律。这种语境下，胡适越做越"错"，做多"错"多。因为按照周恩来的话说："他（胡适）所打的图样是要在破漏将倾的房子上添补丁，添那不可能的补丁。这不但徒劳无功，且更阻止革命的发展。"

所以，无论胡适怎样批判政府都是"小骂大帮忙"，怎么也逃不掉"奴才""焦大""粉饰""为贾府好"之类的骂名。胡适在新文化运动中暴得大名，却在不断激进化中落伍。他是那个急进转型时代的宠儿，也是时代狂躁的悲剧承担者。

解释世界与改造世界

胡适在《我们走那条路》中谈到了对新社会的设想："我们要建立一个治安的、普遍繁荣的、文明的、现代的统一国家。"但这只是一种遥远的描绘，而不是一个具体的可以操作的纲领。

如何达到这个目的？胡适说："我们……集合全国的人才智力，充分采用世界的科学知识与方法，一步一步自觉地改革，在自觉的指导下一点一滴地收不断之全功。不断的改革收功之日，即是我们达到目的之时。"这依然是一种主观的愿望，没有具体的内容。

在一个建立了共识和比较安定的社会体制中，这种主张也许可以博得很多人的拥护。但在 20 世纪上半叶的中国，各党派对于如何"改变世界"这一重大问题，无论在目的或方法上都存在着根本而严重的分歧，胡适的说法自然很难产生作用。

1930 年前后的梁漱溟，正从事"乡村建设"活动，他读到《我们走那条路》后，很快在他主办的《村治》杂志上发表题为《敬以请教胡适之先生》的公开信，严正地批评胡适。

梁漱溟在信中说："先生凭什么推翻许多聪明有识见人共持的'大革命论'？先生凭什么建立'一步一步自觉地改革'论？如果你不能结结实实地指正出革命论的错误所在，如果你不能确确明明指点出改革论的更有效而可行，你便不配否认人家，而别提新议。"

值得注意的是，梁漱溟本人也不是"大革命论"者。但他和"大革命论"者都持有一种共同的假定，即中国的形势已经急迫万分，人们必须立刻提出一套根本彻底的"改变世界"的方案以及具体的行动纲领、计划。

但改变世界必然涉及解释世界。

梁漱溟希望胡适能够给出一个对当前中国社会与所处历史阶段的判断。他在信中说："中国社会是什么社会？封建制度或封建势力还存不存在……革命家的错误，就在于对中国社会的误认，所以我们非指正说明中国社会是怎样的一种结构，不足以怯革命家之惑……"

在《中国近代思想史上的胡适》一书中，余英时认为，梁漱溟的质问实际上击中了胡适的思想要害。作为一个实验主义者，"大胆假设，小心求证"是其基本态度，那么要他立刻提出一个对中国社会的性质的全面论断来作为行动的指南，这相当于要他只保留了"大胆的假设"，而取消了"小心的求证"。他也就无法给出"中国社会是什么社会"这样的全面性的论断。

这是他在那个时代遇到的巨大困惑，是一个几乎无法解决的思想难题。科学方法要求他不武断，对于尚未清楚的问题不能随便提出解决方案，当然更不能盲目地行动。但是在20世纪上半叶的中国，逢千年未有之变，迫切地需要答案、看法、判断和解决方案，有许多急迫的实际问题需要当下做出决定。生活不能静止不动，那么这些决定便只有参照以往的经验进行选择了。

　　然而，在十年之后，毛泽东在他的《新民主主义论》中，对中国社会的性质与改造世界的方法都给出了清晰的答案。毛泽东提出，中国社会本质上是半封建半殖民地的社会。"在中国，事情非常明白，谁能领导人民推翻帝国主义和封建势力，谁就能取得人民的信仰，因为人民的死敌是帝国主义和封建势力，而特别是帝国主义的缘故。在今日，谁能领导人民驱逐日本帝国主义，并实施民主政治，谁就是人民的救星。"

　　从某种意义上，胡适回避了对于中国社会性质的判断。然而在民族危机日益深重的近代中国，摆在国人面前最急迫和最首要的任务不是争个人的自由和个人的权利，而是解决劳苦大众吃饭的问题，是谋求中华民族的解放和国家的独立与自由。

　　价值选择中，"平等"优先于"自由"。这也就是为何"反帝、反封建"成为时代的主旋律。于是，胡适不管怎样谈"解决问题"，谈改良，谈宪法，谈学术救国，都无法获得太大的回声。因为，他既不能回应民粹主义的深刻挑战，即资本主义发展中的社会公正问题，也远远游离于中国社会底层的最基本需求之外，也就是罗斯福著名的"四大自由"中所称的"免于匮乏的自由"。

"被杀死的摩西"

　　在台湾，胡适度过了人生的最后四年，也是他被四面夹击的四年。他与时代的摩擦达到了高潮。他为自由而去，但在台湾他依旧没有得到"自由"。他甚至对朋友叹息说："宁不自由，也就自由了。"

1959年，胡适在日本东京接受记者司马桑敦采访时，曾有一段分析祖国大陆学者吴虞的话："在五四运动前后，他被指为左派，后来变为中间偏左，而逐渐地中间偏右，现在则成了右派，左右挨打，站在夹击的中间了。"

吴虞是胡适的老朋友。四十年前，胡适给吴虞的书写序，提出要把孔子的招牌"拿下来，捶碎，烧去"。但时过境迁，人到暮年的胡适与老战友吴虞的命运却惊人地相似——"左右挨打"，"站在夹击的中间"。他对吴虞的评说，看起来更像其夫子自道。

祖国大陆方面曾经掀起过两场对胡适的批判。从政治高度把他树立为"人民公敌"，与蒋介石"一文一武"分工合作，是美国文化的"买办学者"、"文化帝国主义"代理人和旧中国学界的领袖。胡适几乎所有的门生旧谊都写文章清算自己的思想，与胡适划清界限，都说过一些在今天看来会后悔的话。

毛泽东在怀仁堂宴请知识分子代表时说："胡适这个人也真顽固，我们托人带信给他，劝他回来，也不知他到底贪恋什么。批判嘛，总没有什么好话。说实话，新文化运动他是有功劳的，不能一笔抹杀，应当实事求是。到了21世纪，那时候替他恢复名誉吧。"

早在祖国大陆时，蒋介石就明确表达了对自由主义的否定态度。他在《中国之命运》中，将自由主义与共产主义相提并论，认为这两种思想"客观上是与我民族的心理和性情根本不能相应的"，不切合国计民生，有违民族文化。他甚至认为，"自由主义"就是帝国主义文化侵略的马前卒。

在台湾，蒋介石站稳脚跟后与"自由主义"者的蜜月期就结束了。自由主义思想构成了威胁其政权的离心力，蒋经国化名为"周国光"，通过"国防部总政治部"发布了绝密的特种指示——《向毒素思想总攻击》的小册子。

其中不点名地批判胡适，说他"制造人民与政府对立，破坏团结，减损力量，执行分化政策"。其"目的在散播和推广个人自由主义思想，好叫人们尊崇他为自由主义者的大师，由他领导来批评现实，批评时政，批评当政者，促进所谓政治进步，造成与自由民主的英美国家一样。这是他不了解中国当前革命环境，完全近乎一种天真的妄想"。

1958 年，胡适出任"中央研究院院长"回台湾时，一本《胡适与国运》的小册子，已散发到台北各机关。这本攻击胡适的书虽是匿名文字，既无出版地也无发行人，但杀伤力极大。它将丢失祖国大陆的罪责归咎于胡适，认为因胡适提倡自由民主思想，反对孔子，才破坏凝聚力，涣散了人心、军心，最后导致"学运"不断，军队望风而降。而胡适则是"国民政府"败退的思想罪人，"剿胡"应该纳入"反共复国"的总体战略中。

胡适逝世前两年，雷震因《自由中国》案而入狱，从某种意义上即是为了胡适一生宣扬的自由民主的理念而坐牢。胡适知

胡适的墓在"中央研究院"对面的小山上，妻子江冬秀、长子胡祖望都葬于此

关海彤（摄）

道，有生之年恐怕要以失败而告终，他有一种强烈的破灭感。这年底，他在给朋友张佛泉的信中沮丧地说："生日快到了，回想起四五十年的工作，好像被无数管制不住的努力打消了、毁灭了。"

胡适去世前一年，他在"亚东区科学教育会议"上演讲《科学发展所需要的社会变革》，再度激怒了文化保守主义者以及新儒家学者。对胡适的文化立场攻击，犹如雪片而至，铺天盖地。参与"围剿"的既有"立法委员"，也有曾在胡适面前谦称后学的文化人。

此时，无论在政治、文化、思想、意识形态各领域，胡适都陷入了空前的孤立。即使在自由主义者的阵营中，他也因"雷震案"中的妥协和不够激进而备受指责。胡适的健康也急剧恶化，去世前很长时间都必须住院养病。

胡适一生都是在批判与论战中度过的，这种冲突在他生命的最后时刻达到了高潮。而在其身后，争议仍未片刻平息，直至今日还未结束。

胡适死后，张爱玲曾有一段意味深长的回忆："我觉得不但我们这一代与上一代，就连大陆上的下一代，尽管反胡适的时候许多青年已经不知道在反些什么，我想只要有心理学家荣格（Jung）所谓民族回忆这样东西，像'五四'这样的经验是忘不了的，无论湮没多久也还是在思想背景里……不免联想到弗洛伊德研究出来的，摩西是被以色列人杀死的。事后他们自己讳言，年代久了又倒过来仍旧信奉他。"

　　那么，胡适是不是那个被杀死的摩西呢？作为 20 世纪中国最重要的知识分子，胡适已经逝世五十余年。就像我们对鲁迅的回顾一样，他们无法互为准绳，但都可以作为时代的一面镜子。

后

记

10 年前，因为工作的需要，我将写作方向转向民国时代的知识分子。在熠熠群星之中，选择了三位有代表性的人物——鲁迅、胡适和老舍。一位偏左，一位偏右，一位出身底层。我想，通过追踪他们的精神世界，便可以窥见大时代的转型之迹，以及我们所面临的种种迫切的文化冲突。我们是谁？我们要向何处去？我们为何如此纠结？

当然这些并不是新的问题，百年来也未有答案，但正因为争论不休才让人感到无限的趣味，可以从不同角度去探寻与思考。

在那个转型的大时代，胡适先生是一位更加特殊的人物。他是新文化运动的发动者，是知识青年的导师，是政治的直接参与者，是驻美大使，也是 1949 年前最后一任"不辞而别"的北京大学校长。而对他的评价与批判，则因政治上的冲突，在相当长的时期内大相径庭。甚至，其人、其事也湮没于历史的迷雾中。还胡适先生一个"本来面目"，便是这本小书当年的些许"初心"，这也同样是胡适治学的精神。

胡适一生，极为丰富。他出身安徽商人家庭，自小在上海求学，后在美国大学系统地学习西方文化，归国后成为改变中国学术与思想的领军人物，并积极投入政治的旋涡中，参与对现实世界的改造。其命运随着中国历史的曲折起落，而跌宕起伏。那么百年之后，胡适先生究竟为我们留下了哪些精神遗产？我以为有三条。

其一，胡适是一个独立的人，一生都在倡导独立精神，他说"独立的人才最强大"。而人的独立，其根源在于独立的思想，独立的思考。独立是自由的基础，没有独立的人，也谈不上自由的社会，否则只见群氓涌动。胡适无时不刻在大声疾呼，每个人都要独立思考，不被时代所左右。

其二，包容比自由还更重要。现代人奉自由为最高价值，而并不知道自由的基础在于他者而不在自身。自由不是被自证的而是在他者的包容中得以存在的。胡适在倡导自由主义的同时，真正喊出了包容的价值。然而在我们的文化中，尤其是在革命时代，对于他者的尊重与倾听往往是匮乏的。

其三，功不唐捐。我们所有的成就，都来自于一点一滴的努力，在于日复一日的功夫。所有付出的心血，都不是无用功。无论做学问、做事，胡适一生倡导下硬功夫扎硬寨，不肯投机取巧。今天许多时代故事的外壳，恰恰是种种形态的成功学。急功近利的短视和碎片化的信息，不断制造许多，而我们的焦虑也往往源于此。此时秉持"功不唐捐"，更像一张路线图，一颗定心丸，一剂身心良药。

　　写此后记时，恰逢历史学家余英时先生逝世。余先生曾对胡适做过一个中肯的评价，他认为胡适最大的贡献不在学术端，而在于为中国留下了"自由主义"的种子。也如李敖所评价胡适为"播种者"。过去的一百年，是一个自由主义不断发展确立的百年，造就了一个繁荣时代。当然，自由主义也并非一把万能钥匙。我们今天面临着种种困境，都有着自由主义自身不能突破的藩篱。历史并未终结，答案尚在风中飘荡。

　　笔者并非专业文史学者，但对于思想史有所爱好。此书完成后，曾想继续对胡适先生与中国近代史尤其是 1949 年前后的思想届大变迁，做一番更细致的追索。但苦于杂务并没有时间继续下去，留待以后完成吧。

　　感谢团结出版社副总编辑张阳老师以及我司编辑段珩，付出许多心力让本书的得以再版。做后记，请读者及方家指正。

2021 年 8 月于北京